Elke Garbe

Martha

Psychotherapie eines Mädchens nach sexuellem Mißbrauch

Münster 1991 · Votum Verlag

© 1991 Votum Verlag GmbH, Studtstraße 20, 4400 Münster
Umschlag: Melanie Flood, Münster
Titelillustration: Kiki Suarez
Herstellung: Jauczius & Böwer, Münster
Druck: Sigma Druck, Steinfurt
ISBN 3-926549-49-1

Die Deutsche Bibliothek – CIP-Einheitsaufnahme

Garbe, Elke: Martha : Psychotherapie eines
Mädchens nach sexuellem Mißbrauch / Elke Garbe.
– Münster : Votum-Verl., 1991 ISBN 3-926549-49-1

Inhalt

Vorwort

Es gibt inzwischen eine Vielzahl von Literatur, die sich mit sexuellem Mißbrauch von Mädchen befaßt. Dadurch sind historische, gesellschaftliche und strukturelle Zusammenhänge deutlich geworden, ebenso wie der Einfluß auf die psychische und physische Gesundheit von Mädchen und Frauen.

Die Bewußtheit in den verschiedenen Berufsgruppen für dieses Thema ist in den letzten Jahren erfreulicherweise gewachsen. In der beraterischen und therapeutischen Arbeit besteht immer noch mehr oder weniger Unsicherheit.

Mit diesem Buch hat eine Therapeutin erstmals gewagt, den Verlauf einer Therapie darzustellen. Es ist ihr gelungen, die unmittelbare Erfahrung der Therapie – mit all ihrer Intimität – erlebbar werden zu lassen. Dieses Buch spricht nicht nur Betroffene an, deren eigene Geschichte angerührt wird, sondern es hilft auch Nicht-Betroffenen, die tiefe seelische Gekränktheit und Verletztheit zu verstehen, die durch sexuellen Mißbrauch entsteht.

Darüber hinaus ist dieses Buch eine notwendige Pflichtlektüre für Therapeutinnen und Therapeuten, da es in eindrucksvoller Weise die innere Auseinandersetzung im therapeutischen Prozeß beschreibt, was immer ein Wagnis und – angesichts der Brisanz des Themas – ein mutiger und gelungener Schritt ist. Daß und wie die Folgen von sexuellem Mißbrauch bearbeitet werden können, wird durch die beschriebenen therapeutischen Schritte transparent nachvollziehbar und differenziert theoretisch untermauert. Dabei bezieht sich die Autorin auf verschiedene theoretische Schulen und vertritt zugleich ihre eindeutig feministische Grundhaltung.

Dr. Elisabeth Pahl
Fachärztin für Neurologie und Psychiatrie

Vorbemerkungen

»Ich möchte vergessen«, »Ich möchte nie mehr daran erinnert werden«. Von sexuellem Mißbrauch betroffene Frauen und Mädchen äußern diesen Wunsch aus ihrer tiefsten Sehnsucht nach Unversehrtheit heraus. Sie wurde ihnen brutal genommen und sie leben mit der Gewißheit, sie nie mehr vollständig zurückerlangen zu können.

Das Vergessen hat seinen Preis, auch wenn wir uns an das, was uns geschehen ist, nicht mehr erinnern können und mögen; zeigen uns doch unser Körper und unsere Befindlichkeit tagtäglich über eine Vielzahl verschiedener Leiden und Beschwerden, daß irgendwann etwas mit uns geschehen ist, was uns zutiefst verletzt und bedroht haben muß. Der Körper mit seiner spezifischen Fähigkeit, Erinnerungen zu bewahren, drückt über Haut-, Eß- oder Suchtprobleme, über Ängste, Schmerzen, innere Verlorenheit und Zerrissenheit aus, was er an Erfahrungen in sich speichern mußte und nicht bewältigen konnte.

Erinnerungen sind schmerzlich. Sie führen uns symbolisch noch einmal an den Ort der Verletzung zurück, lassen sie uns noch einmal spüren. Je umfassender die Verletzung, je dünner der Boden, auf den sie trifft, desto heftiger ist meist die Abwehr, der Widerstand, um keinen Preis der Welt noch einmal konfrontiert zu werden mit der Dunkelheit, dem tief verborgenen Unheimlichen in uns. Und doch drängt die Wahrheit auf ihre Art an die Oberfläche, findet ihre »Sprache«, auch wenn sie noch so absurd und unverständlich erscheint.

Frauenorganisationen und Frauenselbsthilfegruppen ist es weitgehend zu verdanken, daß wir inzwischen sensibler geworden sind, diese »Sprache« zu verstehen. Wir brauchen sie nicht mehr als Phantasie abzuwehren. Und doch, je länger der Mißbrauch zurückliegt, desto schwieriger ist es oft, das Leiden in seinem ursprünglichen Zusammenhang zu sehen. So ist verständlich, daß oft erst nach jahrelanger Psychotherapie, die die Erinnerungsarbeit ermöglichte, Bilder und Szenen der frühen kindlichen Verletzung zutage treten können.

Kinder allerdings drücken trotz des verinnerlichten Verbots des Täters »Du darfst nichts sagen« über ihren Körper, über den Gebrauch von Worten, über ihr Schweigen aus, was ihnen geschehen ist. Ein direkter Zusammenhang mit sexuellem Mißbrauch ist oft erahnbar. Es liegt an uns – an Müttern, Tanten, Erzieherinnen, Lehrerinnen und Therapeutinnen –, ob sie mit ihrem Ausdruck Gehör finden und verstanden werden. Sexualisiertes Verhalten von Kindern, früher oft als Frühreife oder Ungezogenheit mißverstanden, weist immer darauf hin, daß dieses Kind auf irgendeine Weise mit der Sexualität von Erwachsenen verletzend konfrontiert worden ist, in welcher Form und in welchem Umfang auch immer. Es kann sich um sexuellen Mißbrauch am kindlichen Körper handeln, es kann der Mißbrauch als Möglichkeit, als Phantasie des Erwachsenen im Raum gelegen haben. Kinder können gezwungen worden sein, an Sexualität von Erwachsenen zu deren Befriedigung teilzuhaben. Sie können veranlaßt worden sein, sich Gewalt – Pornographiefilme – Erwachsener anzuschauen, sie können für Kinderprostitution benutzt worden sein. Herauszufinden, was diesem Kind, das sich so merkwürdig verhält, widerfahren ist, bedeutet oft, sich auf eine geduldige Beziehungs- und Puzzlearbeit einzulassen.

In meiner Praxis wurde ich während der letzten Jahre immer häufiger mit Anfragen nach Psychotherapie für sexuell mißbrauchte Mädchen und Frauen konfrontiert. Häufig bin ich schon die Dritte oder Vierte, die gefragt wird. Der Bedarf an Therapeutinnen, die sich mit einer eindeutig parteilichen Haltung für die Betroffenen an eine solche Therapie heranwagen, ist groß. Wenn die Frauen und Mädchen schließlich einen Therapieplatz gefunden haben, kommen sie mit vielen Ängsten in die ersten Stunden:

»Wird die Therapeutin mich ernst nehmen? Wird sie mir glauben mit all meinen diffusen Gefühlen, daß da etwas war, an das ich mich nicht richtig erinnern kann und das ich selbst immer bezweifeln muß? Wird sie geduldig genug sein, gemeinsam mit mir auf Spurensuche zu gehen? Wird sie klug genug sein, mit mir die Wahrheit zu finden? Wird sie einfühlsam und stark genug sein, um mich mit meinen Schmerzen und meiner Wut aushalten zu können, und wird sie schließlich Modell sein können auf der Suche nach meiner sich verändernden Frauenidentität?«

Es ist unabdingbar, daß eine Therapeutin, die entschlossen ist, eine Therapie mit einer mißbrauchten Frau oder einem mißbrauchten Mädchen zu beginnen, sich mit ihren eigenen Mißbrauchserfahrungen auseinandersetzen, sie durcharbeiten und sich mit ihrem Schicksal weitgehend aussöhnen konnte. Nur dann mag es ihr gelingen, wirklich so liebevoll und verstehend zu helfen, daß über die tiefe Wunde der Verletzung hindurch langsam und sorgsam eine neue Haut wachsen kann. Nur so wird sie vermeiden können, daß sie während der Therapie von eigenen, unverarbeiteten Gefühlen behindert wird. Nur so wird sie schließlich die Gefahr umgehen, beschwichtigend und zu früh versöhnend reagieren zu müssen. Eine tragfähige, haltende Therapeutin wird das Gefühl – über alle Verunsicherungen und Ängste hinaus – vermitteln können, nun endlich einen Ort zu haben, wo das bisher Unbenennbare eine Sprache finden kann, in dem Wissen, nun nicht mehr mit der Verletzung allein bleiben zu müssen.

Eine mir wertvolle Lehrerin sagte einmal in einem Ausbildungsseminar: »Psychotherapie ist fast wie gärtnern. Eigentlich ganz einfach. Pflanzen wachsen, wenn sie haben, was sie brauchen: gute Erde, um Wurzeln zu schlagen und satt zu werden, Sonne und Regen, nicht soviel Unkraut in der Nähe, um sich entfalten zu können, keine Schädlinge. Wenn ein Gärtner darauf achtet, dann wachsen sie gut. Da bin ich sicher« (Hildegund Heinl während eines Seminares, 1986).

Als ich Martha kennenlernte, dachte ich nicht im entferntesten daran, daß mich die zukünftigen Erfahrungen während des therapeutischen Prozesses später veranlassen sollten, diese Arbeit zu schreiben. Dazu ermutigt haben mich meine Kolleginnen, Freundinnen. Frauen also, die mir während der letzten Jahre in meiner beruflichen und persönlichen Entwicklung wichtig waren.[1]

Ich bedanke mich bei Martha, die mir ihr Einverständnis für diese Arbeit gab. Ich denke, der gewährte Einblick in die Therapie ist gerechtfertigt, wenn er betroffenen Frauen und Mädchen bei der Bewältigung ihrer Mißbrauchserfahrungen hilft.

Kurze theoretische Einführung in das Thema

Diese Zahlen erschrecken immer wieder: Sexueller Mißbrauch an Mädchen wird zu 95% von Männern begangen, 5% der TäterInnen sind Frauen. Bei sexuell mißbrauchten Jungen verschiebt sich das Zahlenverhältnis etwas: Hier sind 80% der Täter Männer und 20% Frauen (Finkelhor 1984). Inzwischen wird davon ausgegangen, daß jede dritte Frau in ihrem Leben sexuelle Mißbrauchserfahrungen machen mußte. Wenn es also darum geht, sexuellen Mißbrauch zu verstehen, müssen wir uns auch mit dem Verhältnis zwischen Männern und Frauen, mit den Sexualitäts- und Machtstrukturen zwischen ihnen und mit der Situation von Kindern in unserer Gesellschaft auseinandersetzen.

Täter kommen aus Verwandten- oder Bekanntenkreisen, sie sind Väter, Onkel, Großväter, große Brüder, Freunde der Familie. Sexueller Mißbrauch in der Familie wird zu 50% von Vätern oder Stiefvätern ausgeübt. Sie gehören allen sozialen Schichten an, sie sind Wiederholungstäter und keine Triebtäter. Ihre Handlungen sind um so verletzender, je näher Täter und Betroffene miteinander verwandt sind. Der Anteil der Mädchen unter den betroffenen Opfern beträgt ca. 80% (Steinhage 1989).

»Sexueller Mißbrauch ist körperliche und psychische Gewaltanwendung und Machtausübung mittels sexueller Handlungen am Körper und an der Seele eines Mädchens oder eines Jungen« (Stanzel 1987). Diese Definition benennt nebeneinander körperliche und psychische Gewaltanwendung, die den Körper und die Seele eines Kindes verletzen kann. Ich möchte diese Definition durch die Einführung des Begriffs »Leib« erweitern. »Der Mensch ist Leib-Subjekt in der Gegenwart« (Petzold 1988). Diese anthropologische Definition versucht die dualistische Sichtweise vom Menschen zu überwinden, wobei er unter »Leib« das Zusammenwirken von Körper, Seele und Geist versteht, den bewußten, beseelten und lebendigen, sich in Korrespondenz mit der Welt befindenden Leib.

Sexuell Gewalttätige sind in diesem Sinne »Leib-Subjekte«, sie richten sich leiblich an Kinder. In diesem umfassenden Sinne sind Körper, Geist und Seele, sich gegenseitig beeinflussend, beteiligt. Sie treffen auf das Kind als »Leib-Subjekt«, es erlebt sie ganzheitlich, sowohl körperlich (Folgen davon sind z.b. Körperverletzungen), seelisch (Folgen davon sind z.b. seelische Entwicklungsstörungen) als auch geistig (Folgen davon sind z.b. Zuschreibungen, die die Identität – »Ich bin ein schuldiges Kind« – wesentlich beeinträchtigen).

Sexuelle Gewalt an Kindern ist immer Verletzung in diesem umfassenden Sinne. Wir können sie auch als Schädigung bezeichnen und im engeren Sinne als Traumatisierung, d.h. als Folge einer Überflutung mit schädigenden Reizen ohne die Möglichkeit der Verarbeitung und Kompensation. Zusätzlich ist das Kind neben der Schädigung oft erheblichen Defiziten an elterlicher Sorge und Zuneigung ausgesetzt. Wenn dieser Mangel bereits vor der Traumatisierung bestand, wirkt die Traumatisierung um so intensiver und umfassender. Sie trifft auf eine innere und manchmal auch äußere Verlassenheit des Kindes.

So betrachtet und unter der Annahme, daß das Kind ohne sofortige Kriseninterventionund psychotherapeutische Versorgung in seinem Entwicklungsmilieu keine ausreichenden Ressourcen vorfindet, um diese Schädigung ausheilen zu lassen, können wir im Sinne von Petzold bei sexuellem Mißbrauch in der Kindheit immer von einem »prävalenten schädigenden Milieu« (Petzold 1988) sprechen, welches die weitere Entwicklung des Kindes schädigend beeinflussen wird.

Der Begriff »Inzest« meint sexuelle Gewaltanwendung innerhalb eines familiären Systems. Hierbei nutzt ein Familienmitglied – in der Regel der Vater – seine Machtposition aus, um gewaltsam Befriedigung seiner Bedürfnisse an einer von ihm abhängigen bzw. ihm unterlegenen Person mit den Mitteln der Sexualität zu erlangen. Ein solches Vater-Tochter-Verhältnis ist geprägt durch die einseitige Anwendung von Gewalt, durch die einseitige Herstellung eines sexualisierten Herrschaftsverhältnisses zum Zwecke der einseitigen sexuellen Bedürfnisbefriedigung. Es führt auf der Seite der Tochter zum Verlust von Kontrolle und Autonomie über den Leib, des Rechtes, mit eigenen Wünschen und Bedürfnissen das Verhältnis zu sich und zu der Welt regulieren zu können.

Sexueller Mißbrauch ist Verrat an der Seele des Kindes, ist ein Angriff auf seine Würde. Ursula Wirtz bezeichnet ihn als »Mord an der Seele des Kindes« (Wirtz 1989). Ich denke, der tiefsitzende und oft unbewußte Haß und Vernichtungswille des Täters sind darauf ausgerichtet, die Seele und manchmal auch den Leib des Kindes zu töten. Und doch gelingt ihm dies meist nicht. Kinder haben einen überaus starken Überlebenswillen, die Seele kann sich verformen, in Teile auseinanderfallen, das Wachstum verweigern, behält aber auf irgendeine Weise ihre Ausdrucksform, mag diese uns noch so unverständlich erscheinen. Es ist die Aufgabe von Psychotherapeutinnen, ihre Sprache zu verstehen. Erst im leiblichen Tod stirbt auch die Seele ganz. Und sexueller Mißbrauch – unter der Berücksichtigung, daß Täter überwiegend Männer und Opfer überwiegend Frauen, Mädchen und Jungen sind – ist Ausdruck patriarchalischer Gewalt, »es sind historisch alte, in immer neuen Gewändern auftretende Umgangsformen« von Männern an Frauen und Kindern (Thürmer-Rohr 1988; Enders 1990).

Papa liest vor und greift mit der Hand an die Scheide seiner Tochter

So ist es nach meiner Einschätzung vor allem der Verdienst der Frauenbewegung, daß das Tabu »sexueller Mißbrauch« sich aufzulösen beginnt.

Nicht die Mißbrauchshandlungen sind tabuisiert, sondern das Benennen dieser Realität (Thürmer-Rohr 1988, S. 174; Enders 1990). Indem Frauen begannen, über ihre Situation in dieser Gesellschaft zu reden, indem sie begannen, die vielfältigen Formen von Unterdrückung und Benachteiligung zu erkennen, gelang es ihnen zunehmend, über die bis dahin häufig verschwiegene bzw. verdrängte Erfahrung der sexuellen Gewaltanwendung Öffentlichkeit herzustellen. Es ist also das Verdienst von Frauen, daß es auch innerhalb der klinischen Literatur nicht mehr so einfach möglich war, die Folgen von sexueller, kindlicher Gewalterfahrung als Hysterie abzutun und ihren realen Ursprung als Phantasie zu bagatellisieren (Masson 1986). Der Begriff Hysterie kommt aber von dem griechischen Wort Hysteron und heißt Gebärmutter. Dadurch, daß man die Ursache für das unverständliche Verhalten der Frauen über Jahrhunderte in den Körper der Frauen verlegte, sie also somatisierte, brauchte man sich einerseits nicht ausführlicher mit den wirklichen Zusammenhängen zu beschäftigen, legte aber andererseits, ohne es zu beabsichtigen, den Finger auf die Wunde, die Gebärmutter, als den inneren, zentralen Ort der weiblichen Identität der Frau. Dieser Ort war durch die sexuelle Gewalt einer schweren Kränkung ausgesetzt worden und es scheint, daß dies, ohne es zu wollen, bei der Wahl des Wortes Hysterie berücksichtigt worden war.

Auch innerhalb der Entwicklung der psychoanalytischen Praxis und Theorie mußte das reale Geschehen des sexuellen Mißbrauchs an Frauen nach Freuds Widerruf lange Zeit weitgehend geleugnet werden. Während Freud anfangs noch der Überzeugung war, daß nahe Anverwandte kleine Mädchen sexuell verführen, revidierte er diese später und erklärte entsprechende Erinnerungen seiner Patientinnen zu Phantasieprodukten. Seine Auffassung konnte weder dem Druck von seiten seiner Kollegen noch den Folgen seiner inneren Auseinandersetzung mit seinem Vater, an dessen Integrität er zu zweifeln begann, standhalten (Masson 1986).

Ganz anders Ferenczi. In seinem klinischen Tagebuch von 1932 (Ferenczi 1988) setzte er sich immer wieder mit dem sexuellen Mißbrauch als Ursache für die verschiedenen Symptome seiner Analysandinnen auseinander. Nicht zuletzt deshalb, weil er den Fakt des sexuellen Mißbrauchs akzeptierte und öffentlich benannte, wurde er in Analytikerkreisen gemieden und bis vor kurzem weitgehend tabuisiert (Ferenczi, 1986). Er erklärte den Zusammenhang von hysterischen Symptomen und der Erfahrung frühkindlicher sexueller Gewalt, indem er schrieb:»Die Hysterie ist Regression der Erotik in sonst reinen Ich-Funktionen dienende Organe.« Er bezeichnete die Mißbrauchssituation als das»Überfallenwerden« des kleinen Mädchens durch einen»gewalttätigen Riesen«, welches in ihm»intellektuelle Urkräfte« wecke, um diese Bedrohung psychisch und physisch überleben zu können. Der Preis für diese Notfallreaktion war nach Ferenczi die hysterische Symptombildung und der Verlust des Vertrauens in die Welt. Für ihn war im Ausagieren des hysterischen Symptoms das Erleiden und die unterdrückte Abwehr gegen den Täter erkennbar. Verdrängung des realen Geschehens war nach seinem Verständnis Regression in den Körper mit dem Ziel, das wirkliche, frühe Geschehen mit einem Schleier der Unwirklichkeit zu umgeben, wobei Symptombildungen in Kauf genommen werden mußten. Es konnte nicht mehr als wahr gelten, was doch wahr war, und nur so war ein Schutz vor zu großem seelischen Schmerz möglich, so Ferenczi. Er sprach sich sodann für die Praxis der mutuellen Analyse in der Behandlung sexuell mißbrauchter Patientinnen aus und verstieß damit ein weiteres Mal gegen eine psychoanalytische Grundregel, die Abstinenz des Therapeuten. Für die Heilung von Frauen, die während der analytischen Behandlung das frühe inzestuöse Geschehen wiederzubeleben begannen, war nach seinem Verständnis der Ausdruck einer gefühlsmäßigen Anteilnahme des Analytikers unbedingt notwendig.

Für ihn ermöglichte erst die Erfahrung, mit den schrecklichen, verletzenden Erinnerungen, mit dem wiedererinnerten Leid nicht allein zu sein, sondern sich verstanden zu fühlen, eine Heilung. Unter»mutueller Analyse« verstand Ferenczi eine Art gegenseitiger Analyse, in der sowohl die Patientin als auch der Analytiker die jeweiligen Empfindungen offenlegen und in Beziehung zueinander treten. Indem der Analytiker seine gefühlsmäßige Resonanz auf die Patientin mitteilt, wird er für sie als empathisches und authentisches Subjekt, als Mensch erfahrbar und erhält darüber die Chance, den Schleier von Unwirklichkeit, der sich über das frühe Mißbrauchsgeschehen gelegt hatte, zu lüften (Ferenczi 1988).

Die Praxis der mutuellen Analyse fand Eingang in die»Integrative Gestalttherapie«. Sie wurde vor allem durch die Einführung der Begriffe der »selektiven Offenheit« und der»partiellen Teilnahme« handhabbar gemacht.

Das Offenlegen der Gefühle des Therapeuten gegenüber den Klienten soll immer nur so weit geschehen, wie es im therapeutischen Kontext hilfreich ist. Es steht also immer im Dienste des Patienten, im Dienste seiner Heilung. Vor allem bei frühen Schädigungen ist die Praxis der mutuellen Analyse angezeigt, nur so kann es gelingen, frühe Defizite und Traumata zu heilen. Hierbei handelt es sich um den Versuch, durch Nachnährung bzw. Nachsozialisieren fehlendes oder beschädigtes Grundvertrauen wachsen zu lassen bzw. zu bekräftigen. Gute Therapeuten sind dann wie Eltern, die dem Kind geben, was es zum Wachsen und Heilen braucht (Petzold 1989).

Gerade das modifizierte Einbeziehen therapeutischer Grundhaltungen Ferenczis, das Betonen der intersubjektiven, therapeutischen Beziehung als Grundlage jeder therapeutischen Behandlung, das Arbeiten mit kreativen Medien und die Einbeziehung des Leibes als Ort jeder psychischen Erfahrung macht die Integrative Gestalttherapie nach meinem Verständnis zu einer guten therapeutischen Methode in der Behandlung der Folgen von sexuellem Mißbrauch. Sie eignet sich aus den gleichen Gründen auch gut für die psychotherapeutische Behandlung mißbrauchter Kinder. Ich werde versuchen, dies im Rahmen dieser Arbeit aufzuzeigen. Gerade während der letzten zwei Jahre gab es eine Flut von Veröffentlichungen über die Hintergründe, familiendynamischen und sozialen Zusammenhänge von sexuellem Mißbrauch. Aus diesem Grund lege ich in meiner Arbeit den Schwerpunkt auf die therapeutische Behandlung.

Ich werde ausschnittsweise die Therapie mit Martha darstellen, einem Mädchen, welches vier Jahre lang, bis zu ihrem achten Lebensjahr, von ihrem Vater sexuell mißbraucht wurde. In diesem Zusammenhang dienen theoretische Darstellungen der Begründung des Vorgehens und dem tieferen Verständnis des Mißbrauchs- und des Therapiegeschehens. Gerade während der letzten Jahre wurde ich immer wieder mit dem Bedarf nach guten Therapeutinnen für mißbrauchte Mädchen konfrontiert und in diesem Zusammenhang mit der Unsicherheit vieler meiner Kolleginnen, sich an dieses Thema im Rahmen einer Therapie heranzuwagen, vor allem an die therapeutische Arbeit mit kleinen Mädchen.

Ich kann diese Unsicherheit gut verstehen und glaube, daß es sich dabei häufig um Angst handelt, die Angst, sich mit den eigenen, verdrängten sexuellen Gewalterfahrungen in der Kindheit auseinandersetzen zu müssen, wenn die Therapie erfolgreich sein soll. So zumindest ist es mir gegangen. Die Begegnung mit Martha hat auch mich oft zutiefst aufgewühlt und verändert.

In meiner Tätigkeit in einer Beratungsstelle für Kinder, Jugendliche und Familien habe ich mich zunehmend mit den psychischen Folgen von Gewalterfahrung an Kindern und Jugendlichen, zumeist Mädchen, auseinanderzusetzen. So kam ich gar nicht umhin, mich vor sechs Jahren an die therapeutische Behandlung von Martha heranzuwagen. Geholfen hat mir vor allem meine Ausbildung in Integrativer Gestalttherapie und meine Zugehörigkeit zur feministischen Frauenbewegung.

Psychotherapie – der Versuch einer Heilung

Ich werde nun Möglichkeiten der Behandlung von Mädchen nach sexuellem Mißbrauch durch einen nahen Verwandten aufzeigen. Dabei werde ich mich beispielhaft am Prozeß und an den Themen einer von mir durchgeführten Therapie orientieren. Ich werde vor allem auf das Auftreten und Bearbeiten von Gefühlen und in diesem Zusammenhang von im Leibgedächtnis archivierten Szenen und Atmosphären eingehen. Anhand von Beispielen möchte ich aufzeigen, wie mit den Methoden und Medien der Integrativen Gestalttherapie für diese schmerzhaften Erfahrungen ein Heilungsprozeß eingeleitet werden kann. Ich werde mich dabei neben der Theorie der Integrativen Gestalttherapie auf analytische, feministische und sozialwissenschaftliche Literatur beziehen.

Erfahrungen aus der herangezogenen Kindertherapie lassen sich nicht nur auf Therapien mit Kindern in ähnlicher Situation übertragen, sondern auch auf Therapien mit Frauen nach Mißbrauchserfahrungen. Ein wesentlicher Unterschied ergibt sich allerdings aus der Tatsache, daß der Zeitpunkt der sexuellen Verletzung bei einer erwachsenen Frau in der Regel viele Jahre zurückliegt und der Zugang bzw. das Wiederbeleben der Szenen im therapeutischen Prozeß sich in der Regel zeitaufwendiger und schwieriger gestalten wird. Vordergründig kommen erwachsene Frauen häufig wegen Schwierigkeiten bei der Bewältigung ihres momentanen Lebens in die Therapie. Der Zugang zur erlebten sexuellen Verletzung ist verschüttet. Die alte, abgewehrte Erfahrung tritt erst nach langer Dauer einer zuerst stützenden, an den Ressourcen arbeitenden Therapie in das Bewußtsein und wirkt dann meist tief erschütternd.

Martha

Martha ist heute 13 Jahre alt. Sie lebt mit ihren vier jüngeren Geschwistern und ihrer Mutter nach einem Umzug in einem neuen Stadtteil. Die Familie lebt von Sozialhilfe. Obwohl die Therapie bereits seit eineinhalb Jahren beendet ist, besucht Martha mich immer noch ab und zu. Martha ist inzwischen eine gute Schülerin, sie wurde zur Klassensprecherin gewählt, sie hat viele Freundinnen, sie malt und musiziert gern. Immer noch trägt sie zuviel Verantwortung für die kleinen Geschwister und sorgt sich um die überforderte Mutter. Zu Beginn der Therapie war Martha acht Jahre alt, sie kam dreieinhalb Jahre lang einmal wöchentlich eine Stunde zu mir in die Beratungsstelle. Parallel dazu führte ein Kollege eine Therapie mit der Mutter durch. Bei Bedarf und auf Marthas Wunsch fanden gemeinsame Sitzungen statt.

Martha wurde vier Jahre lang, seit ihrem vierten Lebensjahr, vom Vater sexuell mißbraucht. Dies fand in der familiären Wohnung, meist auf der Toilette statt, häufig während der vielen Krankenhausaufenthalte der Mutter, aber auch dann, wenn die Mutter tatsächlich anwesend war und nichts zu merken schien. Der Vater mißbrauchte Martha vor allem von hinten, indem er sich hinter sie stellte, Martha nach vorn beugte, ihr den Unterleib entblößte und seinen mit Babyöl eingeriebenen Penis in ihren After trieb. Er hielt sie an den Oberarmen fest. Nach seinem Samenerguß drohte er, sie umzubringen, wenn sie irgend jemandem etwas erzählen würde. Danach wusch Martha sich sehr lange in der Badewanne. Sie hielt dicht, im wahrsten Sinne des Wortes wurde sie immer verschwiegener und verschlossener. In der Schule und im Tagesheim fiel sie auf, weil sie sexuelle Wörter benutzte, von sexuellen Praktiken berichtete und auf eine sexuell wirkende Weise Kontakt zu Erwachsenen zu bekommen versuchte. Auf diese Weise nahm Marthas Isolierung stetig zu. Die Lehrerin beschwerte sich über ihre Unkonzentriertheit und ihre häufige innere Abwesenheit. Sie schlug sie aufgrund ihres Leistungsversagens und ihrer Verhaltensauffälligkeiten für die Sonderschule für Lernbehinderte vor.

Nachdem der Vater aufgrund eines anderen Deliktes ins Untersuchungsgefängnis kam und die Mutter den Kindern deutlich machte, daß sie sich nun endgültig vom Vater trennen wolle, fand Martha den Mut, über den Mißbrauch zu reden. In dieser Situation war die Mutter in der Lage, sich eindeutig auf die Seite ihrer Tochter zu stellen. Sie zeigte ihren Mann an. Es folgte eine Reihe entwürdigender und kränkender Verhöre durch die Polizei. Dies und auch die Tatsache, daß die Mutter sich anfangs nicht anders

Entlastung verschaffen konnte, als daß sie mit Marthas Lehrerin und Erzieherin über den Mißbrauch sprach, führte dazu, daß zu der primären Verletzung eine sekundäre Verletzung kam. Martha mußte erfahren, wie die Erwachsenen und die Kinder ihrer Umgebung über ihre schmerzhaften und verletzenden Erlebnisse offen wie über ein aufregendes Ereignis sprachen und dabei ihre Schamgrenze erneut verletzten.

Während dieser Zeit erhielt die Mutter von ihrem Sozialarbeiter die Empfehlung, Martha in unserer Beratungsstelle anzumelden. So kam es zu einem ersten Kontakt zwischen Martha, ihrer Mutter und mir.

Der erste Kontakt

Ich lud Martha mit ihrer Mutter zu einem Erstgespräch in die Beratungsstelle ein und erklärte beiden mit einfachen Worten meine Funktion und meinen Auftrag. Dann fragte ich die Mutter, ob sie Martha erklärt habe, was der Anlaß zu diesem Gespräch sei. Die Mutter verneint, Verlegenheit und Sprachlosigkeit als Ausdruck von Angst werden atmosphärisch spürbar. Ich deute dies als Ausdruck ihrer und Marthas Angst und denke: »Wie hilflos sind doch beide, wenn das Thema sexueller Mißbrauch im Raum steht.« Auch ich spüre einen Moment Unsicherheit und Ängstlichkeit: Werde ich mit diesem Thema, das mir selbst so unter die Haut geht, im Umgang mit Martha so verfahren können, daß ich keine neuen Verletzungen setzen und hilfreich sein kann? Werde ich in diesem Moment, in dem es darum geht, einen ersten Kontakt zu Martha herzustellen, ihre Angst nicht verstärken müssen?

Martha geht zur Tür und beginnt, sich dort verlegen herumzudrücken. Sie macht den Eindruck, als wolle sie sich unsichtbar machen, so, als wolle sie symbolisch aus der Situation verschwinden. Ich ahne ihren dahinterliegenden Wunsch, ihr Leid irgendwie ungeschehen machen zu wollen. Ich gehe zu ihr, knie mich hin, berühre sie aber nicht. Als ich sie anspreche, dreht sie ihr Gesicht halb zu mir. Mißtrauen, Schmerz und Angst drückt es aus. »Martha, Deine Mutter hat mich um Hilfe gebeten. Sie denkt, daß Du so wenig froh sein kannst, weil Du nicht vergessen kannst, daß Dein Papa Dir mit seinem Penis am

Po wehgetan hat. Sie möchte, daß es Dir wieder besser geht und hat mich gebeten, Dir dabei zu helfen.« Martha schaut mich kurz an, sie wirkt verlegen, Hoffnung und Verlegenheit, aber auch Mißtrauen sind spürbar. Ich versuche auszudrücken, was ich an Gefühlen und Gedanken von ihr wahrnehme und sage, daß ich mir vorstellen könne, daß sie am liebsten mit der ganzen Sache nichts mehr zu tun haben wolle. Sie nickt. Dann sage ich ihr, daß ich ihr vielleicht helfen könne, mit den schlimmen Erinnerungen fertig zu werden, damit sie nicht mehr so weh täten und sie wieder wie alle anderen Kinder auch fröhlich spielen könne. Martha schaut mich für einen Moment an, ich spüre den ersten kurzen Kontakt zwischen uns und bin erleichtert. Gleichzeitig fühle ich die Bereitschaft in mir, dieses Versprechen einlösen zu wollen. Martha stimmt zu, als ich sie frage, ob sie zukünftig einmal in der Woche zu mir kommen wolle. Ein erstes Bündnis ist geschlossen.

Anschließend wird unsere Verabredung um die Zustimmung durch die Mutter erweitert, die sich ihrerseits entscheidet, therapeutische Unterstützung bei einem Kollegen zu suchen. Ich spreche die Schweigepflicht an. Mir ist wichtig, Martha die Sicherheit im Beisein der Mutter zu geben, daß alles, was sie mir von sich anvertraut, bei mir in geschützten und sicheren Händen ist.

Martha zeigte mir bereits im ersten Gespräch durch die Herstellung der räumlichen Distanz zwischen sich und ihrer Mutter und mir ihre Einsamkeit, ihre Angst und Scham und doch ließ sie es in dieser Situation zu, daß ich auf sie zuging und einen ersten kurzen Kontakt herstellte. Dabei versuchte ich sehr vorsichtig, den Grund unserer zukünftigen Zusammenarbeit, der sexuelle Mißbrauch durch den Vater, in einer Sprache zu benennen, die zugleich eindeutig und schonend war. Ich wollte jede neue Verletzung, jedes Eindringen in Martha in meinen Kontakten mit ihr unbedingt vermeiden.

Mädchen kommen mit großer Angst in die Beratung. Sie selbst haben sich zu diesem Schritt nicht entschieden, sondern sie folgen meist einer Entscheidung eines Elternteils. Inzestgeschädigte Mädchen haben erfahren, daß sie sich auf ihre Eltern nicht verlassen können; wie sollen sie wissen, daß es mit uns möglich ist. Meist haben sie bis zum Zeitpunkt der Therapie über ihre Mißbrauchserfahrungen sprechen müssen, ohne dabei die Erfahrung machen zu können, daß das Gespräch darüber wirklich hilfreich ist. Verhöre durch Polizei, Staatsanwaltschaft und Gericht dienen der Beweisführung und nicht der Hilfe und sind noch allzuoft vom Gedanken geprägt, das Kind könne sich das alles nur ausgedacht haben.

Es ist daher besonders notwendig, alles zu vermeiden, was Angst erzeugen könnte. Mädchen sollten nicht allein kommen, sondern mit einer Person ihres Vertrauens. Sie sollten nicht an die Beratungstür klopfen müssen, sondern von der Therapeutin[2] abgeholt und in den Raum hineingeführt werden. Mädchen können mit der Angst vor geschlossenen Räumen kommen, oder mit der Angst, in einem Raum mit einer zweiten Person allein sein zu müssen. Solche Bedingungen, die der Mißbrauchssituation – mit dem Vater in einem geschlossenen Raum zu sein – ähnlich sind, müssen vermieden werden. Manchmal kann es notwendig sein, daß eine Vertrauensperson über mehrere Stunden anwesend ist, so lange bis das Mädchen genügend Vertrauen zur Therapeutin entwickeln konnte. Als erwachsene Person begebe ich mich auf die gleiche Körperhöhe, indem ich mich knie. Ich meide Berührungen, es sei denn, das Kind führt sie herbei aus seinem Bedürfnis nach Schutz oder Kontakt. Berührungen, ebenso wie Augenkontakt wurden in der Mißbrauchssituation verletzend und schmerzend erlebt und sind deshalb hoch angstbesetzt. Oft hat es während des Mißbrauchs in die entstellten Augen des Vaters schauen müssen.

Kinder sollen spüren können, daß die Therapeutin mit dem Thema sicher umgehen kann. Dafür ist es notwendig, daß bereits im ersten Kontakt die sexuelle Verletzung mit einfachen, klaren Worten benannt wird. Formulierungen können sein: »Deine Mutter hat mir gesagt, daß Dein Vater Dir an der Scheide weh getan hat.« Oder: »..., daß Dein Vater Dich mit seinem Penis an der Scheide berührt hat, ohne daß Du es wolltest.« Um zu erklären was ich tue, bieten sich Erklärungen an wie: »Zu mir kommen oft Kinder, die zu Hause Schwierigkeiten haben. Das mag zuerst komisch für Dich sein, aber Du kannst mit mir über alles sprechen, über Dich, Deine Geschwister, Deinen Papa, Deine Mama, über Freunde, Spielen, Schule, Schlafen, Pipi und Popo.«

Da sexueller Mißbrauch eine Verletzung an der Kontaktgrenze ist und das Kind dabei nicht in der Lage war, den Kontakt zum Vater entsprechend seiner Bedürfnisse zu steuern, werden wir zu Beginn der Therapie einerseits alles vermeiden, was Angst erzeugen könnte und andererseits alles tun, was dazu dient, den Kontakt zwischen dem Kind und uns zu vertiefen. Das Kind soll erleben können, daß hier in diesem Raum, mit dieser Therapeutin, seine Grenzen gewahrt werden. Am Anfang ist es deshalb wichtig zu fragen:»Wo möchtest Du sitzen? Wo soll ich sitzen?« Und es ist bedeutsam für die Entwicklung des Vertrauens des Kindes, daß sich die Therapeutin an die Wünsche des Kindes hält. Der Therapieraum sollte überschaubar und mit einigen Spielmaterialien ausgestattet sein. Geeignet ist ein Spielteppich, der den Raum begrenzt. Das Kind kann auf dem Boden sitzen und je nach Bedarf Personen und Objekte in seinen Bereich hereinholen, wie es möchte. Auch hier gilt, daß das Kind die Erfahrung machen kann: »Alles ist überschaubar, eindeutig und durch mich kontrollierbar. Da ist nichts, was bedrohlich ist.«

In der ersten Stunde sollte auch ein erster Therapiekontrakt mit dem Mädchen hergestellt werden. Es soll wissen, woran es mit uns ist. Zum Beispiel können wir sagen:»Wir werden uns einmal die Woche für eine Stunde treffen.« Oder:»Wir werden uns erstmal solange treffen, bis du spürst, daß es Dir besser geht und Du mich nicht mehr brauchst.« Zeit und Ort sollten festgelegt werden. Dabei ist darauf zu achten, daß das Mädchen erfährt, daß diese Vereinbarung die Zustimmung der Mutter oder ihrer Vertrauensperson findet. Die Schweigepflicht sollte angesprochen werden.

Das Aufbauen einer tragfähigen Beziehung

In dieser ersten Phase der Therapie geht es im wesentlichen darum, den sich langsam entwickelnden Kontakt zu vertiefen und ihn von Mal zu Mal zu einer tragfähigen Beziehung heranreifen zu lassen (Petzold 1986, S. 327 ff.). Annäherungsübungen, die es dem Mädchen möglich machen, Stück für Stück seine Ängste vor Kontakt zu überwinden, sind hier sehr hilfreich. Die Therapeutin sollte darauf achten, daß das Mädchen immer selbst die Kontrolle über den Prozeß der Annäherung behält, sowohl hinsichtlich des Tempos als auch hinsichtlich der Art und Weise (Lammers-Winkelmann 1989, S. 4). Besonders nützlich ist in dieser Phase das Arbeiten mit Intermediärobjekten (Petzold 1989, S. 69). Sie wirken als Vermittlungsobjekte, Bindeglieder, wenn der direkte Kontakt zu ängstigend ist.

»Ich nehme einen Teddy und setze mich auf den mir zugewiesenen Platz, den Teddy vor mir, und frage: ›Der Teddy möchte etwas näher zu Dir, darf er?‹ Wenn ich eine Zustimmung erhalte, betone ich, daß das Mädchen ›Stop‹ sagen darf, wenn es genug ist. Während ich den Teddy ein Stück vorschiebe, muß ich mit meinem Körper nachrücken, so nähern wir uns langsam an (Lammers-Winkelmann 1989).«

Gut geeignet erscheint mir auch wegen des hohen Symbolwertes das Arbeiten mit Seilen. Es steht für »das Verbindende, Bindende, Eingrenzung und Absperrung«. Es erinnert an die Nabelschnur, deren Durchtrennung organismisch das Kind ein eigenes Wesen sein läßt (Hausmann 1987, S. 26 ff.). Mit dem Seil als Intermediärobjekt können Ängste, Wünsche, Störungen im Kontaktgeschehen symbolisch dargestellt werden. Lammers-Winkelmann beschreibt, wie sie sich ein Seil um den Bauch band und sich an den Platz stellte, der ihr von dem Kind zugewiesen worden war. Nachdem sie ihm sagte, es könne nun entscheiden, ob es sie näher zu sich ziehen wolle oder nicht, zog es langsam an dem Seil und regulierte so entsprechend seiner Bedürfnisse den Kontakt (Lammers-Winkelmann 1989, S. 5).

Ich spiele mit Martha mit einem handtellergroßen Ball aus Stoff. Durch das Hin- und Herwerfen des Balles entsteht auf eine spielerische, angstlösende Art Kontakt zwischen uns. Zunehmend ermutige ich Martha, auszuprobieren, wieviele verschiedene Arten des Zuwerfens und Auffangens es gibt. Man kann den Ball sanft und fester werfen, ihn rollen oder hüpfen lassen, man kann ihn verstecken und wiederfinden. Wichtig ist, daß ich alles vermeide, was Angst erzeugt, also z.B. jedes heftige Werfen.

Langsam weitet Martha ihren Kontakt zu mir aus. Hilfreich ist ihr dabei der Hunger, mit dem sie oft in die Stunde kommt. Nachdem ich ihr einige Male etwas zu essen angeboten habe, entsteht ein Ritual. Zu Beginn der Stunde verlangt Martha ihren Kakao und ihren Zwieback. Im Laufe der Zeit wechseln die Trinkgefäße, vom Becher zur Flasche und wieder zum Becher. Martha zeigt mir mit ihrem Wunsch nach Essen und Trinken ihre große emotionale Bedürftigkeit und ich antworte darauf als »gute Mutter«.

Orale Befriedigungsformen knüpfen an das Nähren in der frühen symbiotischen Entwicklungsphase an. Mit dem Saugen nimmt der Säugling sehr viel mehr auf als nur Nahrung. Er versucht, das intrauterine Leben mit der Mutter wiederherzustellen. Ist die nährende Mutter voller Liebe für das Kind, wird es diese während des Trinkens in sich hineinnehmen. Die ganze mütterliche Gestalt wird es durchdringen:»Geruch, Wärme, die Klangfarbe der Stimme, das Kind vereinnahmt alles, was von der Mutter kommt« (Olivier 1989, S. 70 f.). Dabei entwickelt es nach und nach über das Hineinnehmen der Erfahrungen seine Liebe zu sich selbst. Sind diese ersten frühen Erfahrungen nicht ausreichend erfüllt mit Liebe, Wärme, Zuneigung in einer sicheren und geborgenen Atmosphäre, reagiert die Mutter (oder der Vater etc.) nicht ausreichend empathisch auf das Kind, versteht sie nicht, was es mit seinen körperlichen Äußerungen sagen will, entstehen Defizite. Reagiert die Bezugsperson ambivalent auf ihr Kind, ist sich also ihrer Gefühle nicht sicher, erlebt es eine unklare, konfliktreiche Situation und erfährt nicht, daß es voller Vertrauen die Erfüllung seiner Bedürfnisse erwarten kann. Es wird zu früh mit entsagenden, frustrierenden und verunsichernden Atmosphären konfrontiert, die es in seinem Körpergedächtnis speichert und die auf spätere Erfahrungen mit der Welt und ihren Menschen entsprechend ängstigend wirken. Besonders schwerwiegend wirken sich dabei Traumata während der frühen Entwicklungsphase aus, in denen das Kind mit schweren Schicksalsschlägen fertig werden muß, etwa mit dem Verlust der Mutter. Je früher solche Schädigungen stattfinden, desto schwerer sind sie und desto umfassender wirken sie auf das ganze Erleben des Kindes. Ein ausreichendes Grundvertrauen zu sich und das Gefühl, sich in der Welt zugehörig zu fühlen, kann nicht entwickelt werden. Vor diesem Hintergrund wird verständlich, daß ein Mensch mit frühen Schädigungen auch später voller Angst auf belastende Situationen reagiert, oft unsicher im Kontakt mit sich und der Welt sein muß und bei nicht ausreichender Kompensation oft nicht über adäquate Möglichkeiten der Bewältigung verfügt (Petzold 1988, S. 348).

Bezüglich des Ausmaßes von Marthas Schädigung ging ich davon aus zu wissen, daß bereits vor dem sexuellen Mißbrauch eine defizitäre Entwicklung stattgefunden haben mußte. Martha war mit ihrem Mangel an ausreichenden guten Erfahrungen, mit einem übergroßen Bedürfnis nach emotionaler Zuneigung in die verletzende Erfahrung mit dem Vater hineingeraten. Vielleicht war am Anfang die Hoffnung, von ihm die Erfüllung ihrer bereits immensen Wünsche erhalten zu können. Ich beginne zu ahnen, wie groß der Schmerz und die Enttäuschung in ihr sein müssen. Ich denke aber auch, daß wir erst Mutterboden schaffen müssen, bevor wir uns an das Aufarbeiten der traumatisierenden Erfahrungen wagen können. Ich bereite mich innerlich darauf vor, Martha gute, mütterliche Zuneigung geben zu können. Das fällt mir nicht schwer, denn ich mag sie. Ich werde sie erstmal nähren und umsorgen müssen, sie unterstützen, damit sie sich sicherer und klarer in der Welt verankern kann; ihr die Erfahrung vermitteln, daß es möglich ist, soziale Situationen entsprechend der eigenen Bedürfnisse gestalten zu können. Ich werde ihr »Ich« als den handelnden, wahrnehmenden Teil ihrer kindlichen Persönlichkeit in bezug auf die Welt stützen und seine Entwicklung fördern müssen. Ich werde mich in meiner Behandlung von den Ängsten Marthas leiten lassen.

Das Essensritual deutet auch auf den Beginn einer sich entwickelnden Beziehung zwischen Martha und mir hin, auf die Vereinbarung über etwas Verbindendes, Gemeinsames. Rituale implizieren »Wiederholung und setzen voraus, daß es ein weiteres Mal gibt, daß sich Kontakt über Zeit fortsetzt und Rückblick und Ausblick mit einschließt« (Petzold 1986, S. 320 ff.). Gleichzeitig deutet Martha hier bereits ihr Bedürfnis an, mit mir nachholen zu wollen, was ihr in der ganz frühen Phase ihres Lebens fehlte: Eltern, die sie liebevoll bejahten, ohne aufgrund von Überforderung und eigener seelischer Defizite »abwesend« sein zu müssen. Dieses Bedürfnis nach Nachnähren wird sich durch die ganze Therapie ziehen und nimmt hier seinen Anfang. Zeitweise bestimmt es den ganzen Therapieprozeß. Petzold spricht in diesem Zusammenhang von »reparentage« und meint damit das Ergänzen einer fehlenden bzw. das Korrigieren einer beschädigten Elternerfahrung, indem neue Atmosphären oder Szenen erlebbar und integrierbar bzw. alte korrigierbar gemacht werden. Dies ermöglicht die Restitution von fehlendem Grundvertrauen und das Herstellen bzw. Wiederherstellen von fehlenden oder beschädigten Persönlichkeitsstrukturen im Sinne einer Nachsozialisation (Petzold 1988, S. 60 f.). In dieser Phase erwähne ich den Mißbrauch gelegentlich, so als wolle ich bekräftigen, daß wir um seiner Bewältigung willen diese Stunden miteinander verbringen. Ich möchte, daß unser Arbeitsbündnis auch inhaltlich gefüllt ist. Gleichzeitig ist mir das Erwähnen wichtig, weil ich immer wieder die Befürchtung erlebe, Martha könne die noch bewußten Erfahrungen mit dem Vater verdrängen. Ich will etwas gegen diese Energie in ihr setzen, um ihr die Chance der Verarbeitung zum jetzigen Zeitpunkt zu lassen.

Immer, wenn ich den Mißbrauch erwähne, wird Martha hellwach. Schmerz überzieht ihr Gesicht, Ärger, der sich in dieser Situation gegen mich richtet, ist spürbar. In meiner Gegenübertragung spüre ich diesen Schmerz und gleichzeitig den Impuls, Martha schonen zu wollen. Ich nehme diesen Schmerz ernst. So benenne ich also kurz und voller Vorsicht das, was ihr geschehen ist, ohne weiter darauf einzugehen, allerdings in einer Atmosphäre, die Martha das Gefühl vermitteln soll, daß ich ihre Angst verstehe und ihren Schmerz sehe.
Langsam wächst ein belastbares Band zwischen uns.

Innerhalb einer therapeutischen Arbeit deutet sich das Manifestieren einer tragfähigen Beziehung zwischen den Beteiligten häufig durch ihr Erproben an.

Martha beginnt, gegen Regeln zu verstoßen, sie läuft gelegentlich aus der Stunde, aus dem Raum hinaus und wartet, daß ich sie wieder hereinhole. Manchmal zeigt sie Widerstand, der sich dann aber als ihre Möglichkeit erweist, zu erproben, ob ich es auch wirklich ernst meine, wenn ich sage: »Komm, ich möchte mit Dir weiterarbeiten.« Manchmal wirkt sie zurückgezogen, verträumt, fast maulig. Es macht mir Mühe, zu ihr in Kontakt zu kommen. Oder Martha wird plötzlich ärgerlich, verweigert das eben begonnene Spiel, verzieht sich in eine Ecke. Immer aber spüre ich auch, daß es einen Teil in ihr gibt, der da ist, der genau beobachtet, was ich tue, wie ich auf ihr Verhalten reagiere. Häufig helfen mir Intermediärobjekte, um wieder in Kontakt mit ihr zu kommen.

Manchmal ist es auch gut, ihr zu sagen, wie es mir geht, wenn sie sich so zurückzieht. Das Mitteilen meiner Gefühle, daß ich ein wenig traurig bin, wenn sie sich so von mir zurückzieht, stellt den Kontakt wieder her. Daß ich ihretwegen traurig bin, scheint ein großes Geschenk zu sein, welches sie veranlaßt, den verlorenen Faden wiederaufzunehmen.

Ich deute dieses Verhalten zu diesem Zeitpunkt der Therapie nicht nur als Widerstand, sondern auch als Erproben der Tragfähigkeit unseres Kontaktes. Martha will wissen, ob ich sie mag, ob ich sie aushalte, wenn sie Dinge tut, die nach ihren Elternerfahrungen Ärger erzeugen müssen. Ich gebe eindeutig Orientierung, ich sage, was ich möchte und was nicht, und zwar mit all meiner Zuneigung, die ich zu diesem Zeitpunkt bereits für Martha empfinde. Ich spüre Marthas tiefe Angst, die hinter allem Ausprobieren steht, die Angst, um ihrer selbst willen nicht geliebt zu werden. Sie berührt mich an eigenen schmerzhaften Erfahrungen dieser Art, und dies ermöglicht mir, mich Martha voller Verstehen zuzuwenden.

Sowohl Marthas Formen der Annäherung, ihre Bedürfigkeit nach Versorgung und Orientierung als auch diagnostische Gespräche mit der Mutter machten sehr bald Marthas frühe Defizite an mütterlicher Versorgung, Wärme, emotionaler Präsenz und Antwort sowie Empathie deutlich. Martha war von einer überforderten, selbst sehr karg aufgewachsenen Mutter sehr früh sich selbst überlassen worden. Zusätzlich hatte das Gebären weiterer Kinder das geringe Maß an Zuwendung auf die Nachkommenden konzentriert. Der Vater hatte diese Defizite nicht kompensieren können, sondern war nach meiner Vermutung sehr früh real abwesend gewesen und hatte während seiner Anwesenheit ambivalent auf seine Tochter reagiert. Er hatte während seiner Entwicklung nicht die Chance gehabt, erwachsene Männlichkeit zu entwickeln, so war es ihm auch nicht möglich, auf seine Tochter eindeutig väterlich zu reagieren. In seiner sporadischen Zuwendung müssen sehr früh sexualisierte Kontaktformen für Martha erlebbar gewesen sein. So kam Martha mit frühen, langanhaltenden Defiziten, mit Störungen in der Qualität des Kontaktes und mit erlebter, über vier Jahre anhaltender Traumatisierung in die Therapie. Martha war ein geschädigtes Kind.

»Wo bleibst Du?« – therapeutische Arbeiten mit frühen Defiziten

Immer, wenn es um die therapeutische Arbeit mit frühen Schädigungen geht, ist atmosphärisch die Anwesenheit eines sogenannten »unsichtbaren Dritten« (Petzold 1986, S. 333) spürbar. Meist handelt es sich dabei um eines der Elternteile.

Martha hatte bereits während der ersten Phase der Therapie begonnen, unbewußt ihre frühen kindlichen Erfahrungen im Zusammensein mit mir wiederzubeleben. Besonders deutlich wurde mir dies an dem sich entwickelnden Essensritual. Sie hatte begonnen, ihre frühen, ungestillt gebliebenen Bedürfnisse nach mütterlicher Versorgung an mich zu richten. In ihrem Erleben war ich die gute Mutter geworden, von der sie die Befriedigung ihrer Wünsche erwartete. Wir sprechen in diesem Zusammenhang von Übertragung. Dies ist etwas, was zwischenzeitlich eine Beziehung, die ja aus dem Zueinander zweier Personen im Hier und Jetzt entsteht, behindert bis unmöglich macht (Petzold 1986, S. 259). Das Gegenüber wird nicht als das angesehen und erlebt, was es ist, sondern erscheint in der Wahrnehmung und im Erleben in Teilaspekten oder auch im Ganzen meist als eine der verletzenden Elternfiguren. Da es sich dabei um unbewußte Prozesse handelt, ist es in solchen Situationen erstmal nicht möglich, die Wahrnehmung entsprechend der Realität zu korrigieren.

Innerhalb einer Therapie findet immer beides statt: Zwei Menschen gehen miteinander eine Beziehung im Hier und Jetzt ein. Im Sinne von Korrespondenz kommt es zu einer ganzheitlichen Begegnung und Auseinandersetzung zwischen zwei Subjekten auf der Leib-, Gefühls- und Vernunftsebene (Petzold 1980, S. 242). Gleichzeitig entwickeln sich Übertragungsprozesse mit sowohl positiven als auch negativen Aspekten elterlicher Erfahrung. So wird innerhalb einer therapeutischen Beziehung wiederbelebt, was an sowohl guten, d.h. der Entwicklung förderlichen, als auch an schlechten, d.h. der Entwicklung hinderlichen, Atmosphären, Szenen oder Bildern im Gedächtnis gespeichert bzw. verdrängt wurde. Das gefühlsmäßige Hineintauchen in diese alten, sich langsam ins Bewußtsein drängenden Erfahrungen, ihr Durcharbeiten in der Anwesenheit einer mitfühlenden, begleitenden Therapeutin, die versteht, trägt und nicht verläßt, macht einerseits möglich, daß alternative, gute elterliche Zuneigung gespürt und verinnerlicht werden kann und bewirkt andererseits das Verarbeiten und Vernarben alter verletzender Erfahrungen im Sinne einer guten Wundbehandlung. Beides sind Voraussetzungen für seelisches Gesunden.

Während des Hineintauchens in alte Szenen kommt es innerhalb des Erlebens zu einer Regression auf die entsprechende Altersstufe des wiederbelebten Geschehens. Verhalten, Stimme und Gefühlsäußerungen können in ihrer Qualität entsprechend »verjüngt« wirken und es ist möglich, sich wieder als das verletzte Kind von damals zu erleben. Dieses wiederbelebte, regredierte Kind benötigt von der Therapeutin sichere und mitfühlende Begleitung und Führung, Ansprache und Zuwendung, die seinem Alter und seiner Entwicklung angemessen sind und von ihm verstanden und angenommen werden können.

Die Therapeutin verfügt also während dieses Prozesses der Regression aufgrund ihrer Fähigkeit zur »partiellen Teilnahme« (Petzold 1980, S. 253) über die Bereitschaft, das ganze dramatische Geschehen zu begleiten und zwar mit all ihren Sinnen und wenn nötig, auch mit ihrem Körper im Sinne des Haltens. Sie ist während des ganzen Prozesses der Regression dem Kind zugewandt und verfügt gleichzeitig auch über den nötigen Abstand, um den Überblick und damit ihre Handlungsfähigkeit nicht zu verlieren. Sie achtet auf die Gefühle, die das Wiederbelebungsgeschehen in ihr auslösen, also auf ihre Gegenübertragungen, die ihr aufgrund ihrer Bewußtheit gegenüber ihrer eigenen Lebensgeschichte die Möglichkeit geben, das therapeutische Geschehen empathisch zu begleiten und zu verstehen.

Je tiefer das Eintauchen, desto frühere Situationen aus der Entwicklungsgeschichte werden berührt. Handelt es sich um vorsprachliche Szenen oder Atmosphären, steht, um sie mitzuteilen, Sprache noch nicht zur Verfügung. Die tragende therapeutische Beziehung kann dann nicht über Worte allein erreicht werden. So wie Kinder in den ersten beiden Lebensjahren Kontakt über Berührung herstellen, die Objekte ihrer Umwelt ertasten, begreifen, auf den Klang der Stimme reagieren, die Atmosphäre um sich herum durch die Haut erspüren, so setzt Regression im Rahmen eines therapeutischen Heilungsprozesses voraus, daß die Therapeutin mit all diesen Mitteln zu diesem wiederbelebten, verletzten Kind Kontakt hält. Wir sprechen in diesem Zusammenhang von »leiborientiertem Vorgehen« (Petzold 1980, S. 253), währenddessen die Therapeutin sich eindeutig in der

Rolle des nährenden, guten Elternteils befindet und dem Kind entsprechende Gefühle entgegenbringt. Erst dadurch ist es ihm möglich, sich eindeutig in die Rolle des kleinen, bedürftigen Kindes zu begeben und im Sinne einer Heilung neue, alternative Elternerfahrungen in sich aufzunehmen.

Diese therapeutischen Arbeiten sind Nachsozialisation und haben vor allem das Ziel, frühe strukturelle Schädigungen, die sich im verunsicherten Grundvertrauen und im Fehlen eines Gefühls der Zugehörigkeit zu der Welt äußern, auszugleichen bzw. zu beheben (Petzold 1989, S. 64). Grundvertrauen ist unser basales Gefühl des leiblichen Funktionierens in der Welt. Es wurde entwickelt durch die pränatale Sicherheit im mütterlichen Schoß und bekräftigt innerhalb der Mutter-Kind-Dyade und später der Mutter-Vater-Kind-Triade. Je nachdem, in welchem Alter es zum sexuellen Mißbrauch kam und ob das Mädchen zu diesem Zeitpunkt bereits über ein relativ stabiles Selbst verfügte oder nicht, ist das sexuell verletzte Kind in seiner ganzen Person bis in seinen tiefen Kern beschädigt worden. Kohut versteht unter dem Begriff »Selbst« die spezifische Struktur des psychischen Apparates eines Menschen. Es ist seine Fähigkeit, sich und seine Umwelt als Realität zu erkennen, zu steuern und zu verändern, sein Gefühl, als Individuum in der Welt zu sein. Sie entwickelt sich während der ersten drei bis vier Lebensjahre und schließt mit der Phase der Individuation ab. Je nachdem, in welcher Phase seiner frühen Entwicklung Schädigungen stattgefunden haben, können sie Grundlage für spezifische Leiden sein, die den Menschen jeweils in seinem tiefen Innern bedrohen können (Petzold 1989, S. 60).

So wie Martha waren inzestgeschädigte Mädchen häufig schon vor dem Mißbrauch frühen Schädigungen ausgesetzt, obwohl dies keine Voraussetzung für Inzest bzw. sexuellen Mißbrauch ist. Oft fehlte es aber an elterlicher Wärme und Sicherheit, so daß sich Grundvertrauen weder ausreichend entwickeln noch festigen konnte. Oft geraten kleine bedürftige Mädchen mit fehlendem Vertrauen in ihren Leib und in die Welt in mißbrauchende Situationen mit dem Vater und werden dann in ihrer Hoffnung betrogen, von ihm die langersehnte elterliche Liebe zu erhalten (Hirsch 1987, S. 125 ff.). Deshalb wirkt der sexuelle Mißbrauch häufig wie das Aufreißen und Vertiefen einer bereits vorhandenen, nicht verheilten, schwelenden Wunde. Findet er in einem Alter von drei bis fünf Jahren statt, dann wird das kleine Mädchen in seinem oft sowieso schon beschädigten Selbst in einer Zeit getroffen, in der es um die Entwicklung der Geschlechtsidentität, um die Verinnerlichung von Werten und Normen und um die Konsolidierung kohärenter, d.h. stabiler Selbstgrenzen geht. Seine kindlichen Versuche, sich Schritt für Schritt die Welt anzueignen, werden auf schmerzliche Weise gestört.

Bevor es um die Aufarbeitung dieser traumatisierend wirkenden sexuellen Verletzungen gehen kann, kommt es darauf an, einen guten»Mutterboden« zu schaffen, auf dem das Mädchen sich sicher und getragen fühlt. Es geht während dieser Phase der therapeutischen Übertragung und Regression erst einmal darum,»leere Seiten im Buch der individuellen Geschichte zu füllen«. Nur dann, wenn das Defizit an früher elterlicher Versorgung und Nährung durch neue, alternative Erfahrungen ausreichend gefüllt wurde, wenn außerdem die Beziehung zwischen dem Mädchen und ihrer Therapeutin ausreichend tragfähig ist und wenn das Mädchen in seinem Alltag über entsprechende Sicherheit und genügend sozialen Kontakt verfügt, kann es sinnvoll sein, sich Schritt für Schritt an das Aufarbeiten der sexuellen Verletzung heranzuwagen. Wird dies nicht beachtet, so kann das Berühren dieser schmerzenden Wunden neue Verletzungen und Bedrohungen des Mädchens zur Folge haben und dies kann zu neuen Symptomentwicklungen führen.

Ein Kind, das zu uns in die Therapie kommt, befindet sich auf einer bestimmten Stufe seines körperlichen, seelischen, geistigen Wachstums. Als Therapeutin gehe ich also eine Beziehung zu diesem kleinen Menschen ein, der meine Empathie nicht nur deshalb braucht, weil es ihm während seines Lebens nicht möglich war, bestimmte Lebensbewältigungsschritte zu lernen, sondern auch, weil es sie aufgrund seines Alters noch nicht lernen konnte. Kinder sind immer abhängige Menschen.

Therapeutische Interventionen und Beziehungsangebote müssen also entwicklungs- und schädigungsgerecht zugleich sein, wenn ich dieses Kind, das sich mir anvertrauen soll, überhaupt erreichen will. Kommt es zu Regressionsprozessen, dann muß ich zusätzliche, dem Regressionsalter entsprechend angemessene Elternqualitäten mit in die Beziehung einbringen. Ich bewege mich also auf verschiedenen Ebenen gleichzeitig. Ich sehe, was das Kind, welches vor mir sitzt, benötigt, und gehe gleichzeitig auf das wiederbelebte jüngere Kind ein, gebe ihm das, was es braucht, um zu versuchen, wiedergutzumachen, was damals verletzend wirkte.

Leiberfahrung und Körperberührung

Berührungen sind Hautkontakte und gleichzeitig vieles mehr (Montagu 1984). Haut macht Berührung, Berührtwerden möglich. Über das Begreifen der Haut erfahren wir uns und andere sinnlich als lebendige Wesen. Die Haut hält unseren Leib mit all seinen Organen zusammen. Während wir in der frühen symbiotischen Phase alles, was an ihr und durch sie geschieht, als zu uns gehörig erleben, macht sie uns langsam erfahrbar, was zu uns und was zu der uns umgebenden Welt gehört. Sie ist unser erstes Wahrnehmungsorgan. Über sie spüren wir Kälte, Hitze, Feuchtigkeit, Trockenheit, das Material verschiedener Stoffe, mit denen wir umkleidet werden, die Hände der Mutter, die uns streicheln, umfassen, das Badewasser, die Luft. Wir nehmen aber auch Atmosphären – Spannungen, Zufriedenheit, Freude – wahr, die in der Luft liegen. Unsere Haut als feiner Fühler transportiert all diese Wahrnehmungen in unser Inneres; hier speichern wir es als unser Leibgedächtnis. Mit zunehmender Entwicklung lernen wir diese Informationen zu entschlüsseln und zuzuordnen. Wir sehen uns mit neuen Qualitäten konfrontiert, können uns ihnen ausgeliefert fühlen, sie genießen oder sie aktiv mitgestalten lernen.

Berührungen können angenehm und unangenehm sein. So, daß wir uns unter ihnen ausstrecken, weiten können oder so, daß wir uns unter ihnen anspannen und engen müssen. Berührungen können zu fest, zu spitz, zu hart, zu lasch sein, sie können zart, liebevoll, spendend, erregend sein. Sie können mit kalten oder feuchten Händen geschehen, oder mit warmen, weichen. Sie können kindlich, geschwisterlich, mütterlich, väterlich, großelterlich, kameradschaftlich, partnerschaftlich sein. Sie können zur unpassenden Zeit oder gerade recht kommen. Sie können zu wenig oder zu viel geschehen. Sie können klar und eindeutig sein oder verwirrend wirken. Innerhalb einer großen Variationsbreite sind viele angenehme und unangenehme Erfahrungen mit Berührung möglich. Im Laufe unseres Lebens, begonnen mit der ersten Berührung durch das Fruchtwasser und die inneren Organwände der Mutter und dann durch den Menschen, der uns ans Licht der Welt verhilft, machen wir verletzende und entwicklungsfördernde Erfahrungen. So werden wir entweder sicher in der Einschätzung, was gute und was unangenehme Berührungen sind oder wir fühlen uns verwirrt und verunsichert.

Über die Berührung von Haut lernen wir wahrnehmen und fühlen. Über die verschiedenen Qualitäten von Berührungen, ausgeführt von Menschen, mit denen wir gute oder schlechte Erfahrungen verknüpfen, differenzieren wir unsere Gefühle. Was anfangs nur Lust oder Unlust bzw. Schmerz auslöste, wird langsam zu einer Gefühlsvielfalt, zum Erleben von Liebe, Begehren, Freude, Angst, Ekel, Grauen. Je nachdem, welche Erfahrungen wir mit Berührungen machen, lernen wir, uns mit Vertrauen dem Berührenden hingeben zu können, uns berührbar zu machen oder uns voller Angst und Mißtrauen abzuwenden, auszuweichen. Wir lernen bereits vor dem Kontakt zu spüren, was mit ihm beabsichtigt wird und wir können uns entsprechend darauf einstellen. Oder uns fehlt diese Fähigkeit, dann sind wir Berührungen ausgeliefert und können uns nur innerlich schützen, indem wir unsere Haut gefühllos machen, sie anästhesieren.

Mädchen haben während des Inzestgeschehens erfahren müssen, daß väterliche Berührungen häufig entweder sehr schleichend in sexuelle Ausbeutung übergingen oder daß der Kontakt des Vaters zu ihm sexuelle Qualität hatte. Sie verinnerlichen deshalb eine sexualisierte Form von Kontakt, von Zuwendung. Sie wissen oft nicht, wie sich zweckfreie Liebe anfühlt und müssen sie erst wiedererinnern oder neu erleben. Aufgrund dieser frühen Verwirrung, dieser frühen Gleichsetzung von Liebe und sexuellem Mißbrauch, haben sie die Erfahrung machen müssen, daß das, was sie an Zuwendung bekommen können, nur erhältlich ist, wenn Kontakt sexualisiert wird und sie dabei die Rolle des Objektes bzw. Opfers annehmen. Im therapeutischen Kontakt prüfen sie, ob die Therapeutin ebenso wie der mißbrauchende Elternteil körperliche Berührung zur eigenen Befriedigung benutzt. Heilung einleiten setzt voraus, daß Therapeutinnen diese Prüfung bestehen. Als Therapeutin bin ich deshalb besonders sensibel im Wahrnehmen der Atmosphären während der therapeutischen Arbeit. Ich versuche, sexuell getönte Stimmungen zu erspüren und aufzulösen. Ich gebe Orientierung und trenne Erwachsenes vom Kindlichen.

Anfangs spüre ich immer wieder, wie Martha in ihren Annäherungsversuchen die kindliche mit der erwachsenen-sexuellen Ebene durcheinanderbringt. Ich spüre ihre Verwirrung, ihre Unsicherheit, sich mir ganz kindlich zu nähern, ohne ihren Körper auf eine sexuelle Art und Weise anbieten zu müssen. Einen Moment spüre ich darüber meine eigene Verwirrung und eine erhöhte Aufmerksamkeit und Abneigung gegen diese Art von Kontakt, so will ich ihn nicht.

So besteht Martha nach einiger Zeit darauf, mir beim Abschied der Stunde einen Kuß geben zu dürfen. Ich willige ein und ehe ich mich versehe, versucht sie, ihn naß und mit Zungenschlag auf meine Lippen zu plazieren. Unwillkürlich wende ich den Kopf zur Seite und sage: »So nicht, Martha, küß mich auf die Wange, schau, ich mach es dir vor.« Ich gebe ihr einen mütterlichen Kuß auf die Wange und ermutige sie, mir einen entsprechend kindlichen auf meine Wange zu geben, den ich genieße. Ich gebe Orientierung, indem ich sage: »Auf den Mund und mit der Zunge küssen sich Erwachsene, die sich lieben. Du aber bist ein Kind, und ich mag dir einen Kuß geben, so wie Mütter es tun, und ich mag einen Kuß von dir als Kind empfangen.« Martha geht auf meine Vorschläge erleichtert ein. So gibt es nun ein Aschiedskußritual zwischen uns.

Wir gehen an die Arbeit, unklare, verrückte Generationsgrenzen wieder zu ordnen.

Je nachdem, ob das Mädchen dazu neigt, in seinem Verhalten eher extravertiert oder introvertiert zu reagieren, tritt das sexuelle Ausagieren, das Sexualisieren von Kontakt in den Vordergrund oder nicht. Innerhalb der Therapie erfordert dies von uns Eindeutigkeit im Verhalten, um erneute Verletzungen zu vermeiden (Wirbel 1986). Während es bei extravertierten Reaktionen eher um das Abgrenzen und Geben von Orientierung geht, kommt es bei introvertiert reagierenden Mädchen mehr darauf an, vor möglichen Berührungen vorwegnehmen zu können, ob Angst oder Schmerz ausgelöst werden könnte. In der Regel sind all jene Leibregionen hoch angstbesetzt, die während der Mißbrauchssituation berührt wurden, also meist der Rücken, die Brust, die Oberarme, Oberschenkel, das Gesicht und natürlich der gesamte Genital- und Gesäßbereich. Sexuell verletzte Kinder können oft nicht ausreichend trennen, daß es gute und verletzende Hautberührungen gibt. Sie müssen es erst lernen. So gilt am Anfang immer: Vorsicht bei Berührungen! Hinspüren, ob das Mädchen bei unseren Versuchen, körperliche Distanz zu verringern, sich bereits unmerklich zusammenzieht, verkrampft oder wegrückt. Dann auf jeden Fall Berührungen unterlassen. Fragen sind gut, ob ich berühren darf und wo. Immer aber am Anfang die Leibregionen aussparen, die beim Mißbrauch beteiligt waren.

Traumatisierende Verletzungen am Leib, und solche sind als sexueller Mißbrauch zu werten, führen darüber hinaus oft dazu, daß betroffene Leibbereiche nicht mehr gespürt werden können, sie sind regelrecht taub. Dieses Anästhesieren dient als Schutz in der Mißbrauchssituation. Um sie überleben zu können, durfte nichts mehr gefühlt werden. Diese Taubheit hält auch nach Beendigung des Mißbrauchs an, sie dient als Schutz vor den verdrängten Gefühlen, vor Schmerz, Wut, Trauer, Ekel. So kann es sein, daß das Mädchen wie gleichgültig auf unsere Berührungsversuche reagiert. Es fühlt nichts. Über die Rückgewinnung der verlorengegangenen Kontrolle über Körperkontakt, über den eigenen Leib und des Vertrauens zu sich selbst und zu anderen wird es in der Begegnung mit uns erst wieder lernen, wie sich gute Hautberührung anfühlt. Um das Mädchen zu unterstützen, Berührungen wieder als gut, nährend und als Quelle von Lebensfreude erleben zu können, eignet sich auch das Einsetzen von Materialien verschiedener Qualität. Wir können »Berührung« spielen. Erkunden und ertasten, wie sich verschiedene Stoffe, Fell, Steine, Holz, Sand anfühlen, was angenehm, unangenehm, warm, weich, hart, fest ist. Wir können gemeinsam Teddys und Puppen streicheln und mit dem Mädchen überlegen, ob der Teddy oder die Puppe diese oder jene Berührung wohl gern haben könnte. Wir können auch dazu ermutigen zu überlegen, ob es uns wohl anfassen möchte. Wir können mit den Daumen spielen, die in die Rolle zweier Personen schlüpfen und während des Spiels Lust haben, auszuprobieren, wie es ist, wenn sie ganz vorsichtig aneinanderstupsen. Hier sind der Phantasie keine Grenzen gesetzt, wenn wir uns an der Verletzbarkeit und den Ängsten des Mädchens orientieren und uns von unseren inneren Erfahrungen guter Elternberührungen leiten lassen.

In der Regel haben Mädchen in ihrer Entwicklungsgeschichte nicht lernen können, daß sie in ihrem Körper – so wie er ist – einen eigenen Wert besitzen. Olivier meint: »Das Drama des kleinen Mädchens ist, daß sein Körper wie niemandes Körper ist« (Olivier 1989, S. 62). Oft kam die Mutter mit ihrer eigenen Wertlosigkeit nicht zurecht und konnte deshalb der eigenen Tochter keinen Selbstwert vermitteln. Mit der Mutter ist das Kind bereits vorgeburtlich primardial verbunden und entwickelt über die frühe symbiotische Beziehung und deren langsamer Lösung die erste Beziehung zu einem Menschen, die für die geschlechtliche Identitätsentwicklung besonders prägend ist. Über die vergleichende Betrachtung beginnt es, sich zu identifizieren. Das Mädchen sieht, daß der Körper der Mutter anders ist, da gibt es einen Busen und dunkle krusselige Haare. All das hat es nicht, nur diesen kleinen Ritz, an dem es erkennt, daß es ein Mädchen ist. Olivier beschreibt, wie das Mädchen auf später vertröstet wird, dann wird es alles haben, dann wird es eine Frau sein, allerdings eine Frau, die wie die Mutter in vielen Bereichen dieses Lebens zu kurz kommen wird. Olivier meint, es fehle die gleichgeschlechtliche Solidarität zwischen Mutter und Tochter. Ich glaube eher, daß es oft sehr früh eine negative, gleichgeschlechtliche Solidarität zwischen beiden gibt, die sagt: »Wir beide kriegen vom Kuchen des Lebens immer nur die Randstücke, es lohnt sich nicht zu kämpfen. Frau sein macht keinen Spaß, Lust ist ein unbekanntes Wort.« Oder so ähnlich. Das ist eine Solidarität über die Leere. Was fehlt, ist eine positive Solidarität, die sagt: »Wir sind Frauen, anders als Männer, eine große und eine kleine. Es macht Spaß, Frau zu sein, es macht Spaß, Mädchen zu sein, es macht Spaß, sich zu berühren und ich kann lernen, gute Berührungen zu empfangen und zu genießen. In der Ritze sitzt die kleine Klitoris. Es ist schön, sie zu berühren.«

Ich kenne diese Leere, diese Angst, nicht anzukommen aus meiner eigenen Geschichte, diese Versuche, mich über Sexualisierung von Kontakt anzubieten. Und ich kenne das Gefühl danach, sicher zu wissen, daß es das nicht war, wonach ich mich sehnte.

Ich reagiere also auf Marthas Kontaktversuche und sortiere gleichzeitig. Ich antworte auf ihr Bedürfnis nach mütterlicher Liebe und teile ihr dadurch gleichzeitig mit, daß das andere, das »kleine Frau-Spiel« nicht nötig ist, um meine Liebe zu erhalten. Ich achte auf meine Gefühle, sie sind schwesterlich, mütterlich, also lasse ich ihnen freien Lauf. Hiervon kann Martha nicht genug bekommen. Martha kennt keine Frau, die Gefallen am eigenen Körper hat, mit allen Widersprüchen verbunden, die sich mit ihrer geschlechtlichen Identität aussöhnen konnte. Sie kennt keinen nahen, erwachsenen Menschen, der sich ihr ausreichend lange uneigennützig zuwenden kann. Ich erinnere mich in diesen Stunden an Gefühle und Szenen aus meiner frühen Kindheit, die ich leiblich genoß: Das Kuscheln im morgendlichen Bett meiner Mutter, wenn noch alles nach ihr roch, ihre Hände auf meiner Haut, wenn sie mich nach dem Baden eincremte, das Schnuppern an ihrer Haut, das Berühren und Erkunden meines Körpers, bis in die tiefsten Winkel. Ich spürte den Wunsch, Martha neugierig werden zu lassen für diese schönen Seiten von Leiblichkeit. Es ist mir wichtig, Atmosphären zu schaffen, die die Ermutigung beinhalten, »Zu Hause unter der Bettdecke, da werde ich mal ausprobieren ...«

Martha hat, wie viele Mächen auch, dies mit der Mutter nicht ausreichend erleben können. Da ihr ebenfalls die Erfahrung mit einem liebenden, seine Leibgrenzen achtenden Vater, der es gleichzeitig als kleines Mädchen mit einer eigenen Geschlechtlichkeit zärtlich liebt, fehlt, wird verstehbar, was Olivier beschreibt: »Ein kleines Mädchen, das seinen Vater dazu gebracht hat, seine Zeitung beiseite zu legen, das auf seine Knie geklettert ist, beweist mit seinem ganzen Körper, daß es den Ort erreicht hat, an dem alle Unsicherheit aufhört: Beim Vater endet die Sinnlosigkeit, durch ihn kann es lernen, seinen kleinen Mädchenkörper als gut zu akzeptieren. Der Vater ist das Ziel« (Olivier 1989, S. 91). Hier meint Olivier auch, daß Identitätsentwicklung das Erkanntwerden durch einen anderen Menschen und das Wahrnehmen und Benennen von Verschiedenheit benötigt. Aber Väter sind oft abwesend und das Glück, eine kleine Tochter zu haben, verstehen sie oft nicht zu genießen.

Martha wird sicherlich kaum auf den Schoß ihres Vaters geklettert sein, und wenn es dies gab, so waren diese Situationen vielleicht schon früh mit uneindeutigen, sexuell gefärbten Wünschen des Vaters vergiftet. Ihre eigene kindliche Sexualität wurde von ihm nicht wertgeschätzt und als gut benannt. In den Augen des Vaters sah sie nicht das Erkennen ihrer geschlechtlichen Identität und seine Freude darüber, daß sie ein Mädchen ist, sondern er wertete ihren kleinen Mädchenkörper ab und mißbrauchte ihn als Objekt seiner sexuellen Begierde. So lernte Martha sehr früh, daß sie ihrem übergroßen Bedürfnis nach Zuneigung, ihren Körper, ihre Handlungen, ihre Sprache, ihr Erleben sexualisieren mußte, um zumindest so die Aufmerksamkeit des Vaters zu erlangen. Sie lernte Liebe und Begehren mit Benutzt- und Mißbrauchtwerden zu verwechseln und wurde sehr früh mit Verhaltensbereichen konfrontiert, die in die Welt der Erwachsenen gehören, für die Kinder weder über Aufmerksamkeit, Handlungen, Sprache, Gefühle noch Verarbeitungsmodi verfügen (Ferenczi 1986, S. 327).

Ferenczi benannte bereits 1932 die damals in Psychoanalytikerkreisen tabuisierte Tatsache, daß – so auch heute – ca. 80% aller Mißbraucher nahe Verwandte oder Bekannte sind. Bezüglich der Auswirkungen schrieb er: »Man darf da getrost, im Gegensatz zur uns geläufigen Regression, von traumatischer, (pathologischer) Progression oder Frühreife sprechen. ... Nicht nur emotionell, auch intellektuell kann der Schock einen Teil der Person heranreifen lassen« (Ferenczi 1986). Er vergleicht sodann diesen seelischen Prozeß mit dem schnellen Reif- bzw. Süßwerden von Früchten, »die der Schnabel des Vogels verletzt hat.« Dabei handelt es sich nicht um wirkliche Reife, sondern um Frühreife, da der Prozeß des Wachsens durch Traumatisierung unterbrochen wurde und wesentliche Schritte übersprungen werden mußten. Bei Martha ist es u.a. der Prozeß der Triangulation.

Bis zum Alter von drei bis vier Jahren hätte Martha lernen sollen, wie es möglich ist, innerhalb einer Dreierbeziehung – zwei Elternteile und es selbst – zurechtzukommen. Neben der Beziehung zur Mutter gewinnt der Vater als gegengeschlechtliches Elternteil zunehmend an Interesse. Das Mädchen sehnt sich danach, von ihm geliebt und identifiziert zu werden. Dabei braucht es die liebevolle Begleitung durch die Mutter, welche die kindlichen Werbungen ihrer kleinen Tochter dem Vater gegenüber achtsam und stolz begleitet mit dem sicheren Gefühl, gemeinsam mit dem begehrten Vater ihrer kleinen Tochter eine befriedigende Partnerschaft leben zu können. Psychoanalytisch betrachtet löst sich diese Situation dadurch, daß das Mädchen erkennt, daß es den Vater nicht »heiraten« kann, ihm aber unbeschadet ihre heiße, kindliche Liebe entgegenbringen darf in der Sicherheit, seine Freude und seine väterliche Liebe zu erhalten. In diesem Verzicht lernt es, sich als Kind geborgen und zwei Elternteilen zugehörig fühlen zu können. Hierbei handelt es sich um eine wesentliche Voraussetzung in bezug auf seinen weiteren Reifungsprozeß. Es gewinnt eine eigene Geschlechtsidentität: weiblich, indem es den geliebten Vater als anders identifiziert und die Mutter als gleich. Es lernt, daß zwei Menschen sich lieben können, ohne daß die eigene kindliche Liebe zu einem dieser beiden Menschen bedroht wird.

Sicherlich handelt es sich bei diesen beschriebenen Entwicklungsschritten um ideale Annahmen, und es ist m.E. bisher auch nicht belegt worden, ob eine gesunde Entwicklung immer diese Voraussetzungen haben muß. Ich denke, daß auch im Hinblick auf die gesellschaftliche Veränderung von Familien- und Lebenskonstellationen (Beck 1986, S. 163 ff.) sicherlich verschiedene Lebensformen denkbar sind, die Kindern die Möglichkeit geben könnten, diese notwendigen Entwicklungsschritte zu durchleben. »Vater« steht in diesem Kontext also auch für den männlichen Anteil einer Beziehungskonstellation und »Mutter« für den weiblichen.

»Mutter und Kind«

Nachdem allerlei Vorarbeit geleistet worden war, stellt Martha eindeutig frühe Mutter-Kind-Situationen her. Intuitiv hat sie den Kontakt zu ihrer frühen Bedürftigkeit wieder aufgenommen. Sie möchte von mir haben, was ihr fehlt. Besonders liebt sie unser rundes Igluzelt, welches kuschelig mit vielen Kissen und einer Matratze ausgestattet ist, über ein kleines Fenster und einen kleinen Eingang verfügt und ganz verschließbar ist. Nachdem sie es von außen betrachtet und mich als Späherin hineingeschickt hatte, wünscht sie: »Du sollst mit mir da reingehen, ich will mit dir Mutter und Kind spielen.« Eine Nuckelflasche muß bald her und immer wieder will Martha in meine Arme und sich satt trinken. Einen Papa gibt es in diesem Spiel noch nicht, er scheint noch nicht wichtig zu sein. Martha gibt sich selbstvergessen, fast wie in Trance, diesen Situationen hin. Ein kleines Baby, welches gestillt und gehalten werden will. Die Situation hat etwas embryonales, das Zelt als der Uterus verfügt in dieser Szene über die »Fähigkeit«, Mutter und Kind gleichzeitig in sich aufzunehmen. Später kommen Variationen in das Spiel. Martha möchte, daß ich sie ins Bett bringe und dann Essen kochen gehe. Sie kann nun kurze Zeit ohne mich sein. Allerdings nur, wenn ich etwas tue, was eindeutig und ausschließlich ihrem Wohlbefinden dient.

Dann wird die Hängematte das Objekt von Marthas Begehren. Ausgestattet mit einem weichen Fell läßt sie sich von mir lange hin- und herschaukeln. Besonders schön ist es für sie, wenn ich ihr ein Schlaflied dazu singe: »Guten Abend, gute Nacht ...« Schließlich kann sie es auch, und wir singen gemeinsam. Freude am gemeinsamen Tun und Genießen breitet sich zwischen uns aus.

In dieser Phase war Sprache lange nicht nötig. Martha hatte sich zurückversetzt in eine vorsprachliche Entwicklungsphase, aus der sie nun Schritt für Schritt herauskam. Ihr Körper sprach eine eindeutige Sprache, ab und zu folgten Grunzer oder ein unwilliges Grummeln, wenn ich zu lange brauchte, um zu verstehen, wie sie sich bei mir einkuscheln wollte. Sie spürte mit ihrem Rücken meinen Bauch und hörte mein Herz schlagen. Alles war gut so wie es war, sie verließ sich auf mich und ich sorgte für sie.

Bei dem Herstellen elterlicher Qualitäten im Rahmen einer therapeutischen Beziehung geht es nach Petzold/Ramin darum, daß »Patienten Atmosphären, Szenen, Beziehungskonstellationen und die mit ihnen verbundenen Haltungen und Werte internalisieren, um vorhandene Defizite mütterlicher Zuneigung auffüllen zu können« (Petzold/Ramin 1987). Martha hatte damit begonnen.

Indem Martha von sich aus Variation in das Spiel hineinbrachte, wurde mir ihr starker Wachstumswille deutlich. Sie konnte nun auch sagen, was sie wollte: »Komm her, tu dies, tu das.« Hier zeigten sich funktionsfähige Anteile ihres Ichs, auf denen es innerhalb des therapeutischen Prozesses aufzubauen galt. Mit dem »Wegschicken und Wiederzurückholen der Mutter« deutete sich schließlich an, daß wir im therapeutischen Prozeß die Loslösungs- bzw. Wiederannäherungsphase im Sinne Mahlers erreicht hatten (Mahler/Pine/Bergmann 1984, S. 59 ff.).

Natürlich verlief der therapeutische Prozeß nicht so geradlinig, wie hier der Eindruck entstehen mag. Gelegentlich kam es zu Verunsicherungen.

Martha kommt zur verabredeten Stunde. Aber ich kann die Zeit nicht einhalten. Martha wartet im Therapieraum auf mich, sie malt ein Bild. Als ich eine halbe Stunde später komme, verweigert sie den Kontakt. Sie sitzt in einer Ecke und ist verletzt. Ich brauche viel Geduld und Einfühlungsvermögen, um die alte vertraute Nähe wiederherzustellen. Schließlich zeigt sie mir ihr Bild: Ein großes, rotes Herz füllt das ganze Blatt aus. In ihm sind zwei Personen an den Händen haltend, eine größer, eine kleiner, eine bunter, eine blasser, eine fröhlich, eine traurig. Darunter steht: »Wo bleibst Du?«. Ich bin betroffen und-

Die Sehnsucht nach der abwesenden Mutter

erschrocken; ich wollte Martha nicht weh tun und hatte es doch getan. Ich spüre Tränen in meinen Augen und schaue sie an. Martha weint zum ersten Mal in meinen Armen. Die alte Verlassenheitsangst, damals ausgelöst durch die elterliche Situation, war durch mich berührt worden.

In den folgenden Stunden muß ich wieder mit Martha ins Igluzelt; im guten Mutterboden zeigten sich erneut Risse, die gekittet werden mußten.

Und dennoch, über diese, erst einmal verunsichernd und erneut verletzend wirkende Situation war es Martha möglich geworden, zu alten schmerzhaften Trennungserfahrungen mit der Mutter innerhalb der therapeutischen Situation Kontakt zu bekommen. Martha gelang es, ein erstes Mal um diese frühen Defizite zu trauern, und zwar in einer neuen, ihre Gefühle achtenden, geschützten, also guten mütterlichen Situation. Martha erfuhr, wie es sich anfühlt, wenn ihre Gefühle, hier die der Trauer um Verlassenheit, ernstgenommen werden. Indem Martha mir das Bild reichte, gelang es ihr trotz starker Verunsicherung, an die bereits hinreichend gefestigte Beziehung zwischen uns anzuknüpfen.

Diagnostisch gesehen wird hier deutlich, daß es Martha während der frühen Entwicklungsphasen nicht gelungen war, ein vollständiges inneres Bild der »guten Mutter« aufzubauen. Innerhalb der therapeutischen Übertragungssituation konnte sich Martha während meiner Abwesenheit innerlich noch nicht auf die Sicherheit verlassen, daß ich wiederkomme und sie liebhabe, auch wenn ich abwesend bin oder mich verspäte. Die Analytiker sprechen in diesem Zusammenhang von »Objektkonstanz«. Neben der »guten Mutter« war die »böse Mutter« wiederbelebt worden und nahm erstmal den ganzen Erlebnisraum ein. Über meine anschließenden Bemühungen, den Kontakt zu ihr wieder aufzubauen, hatte Martha die Chance, damit zu beginnen, die gerade erlebten bösen Anteile mit den bisher erlebten guten Anteilen der Mutter zu einem Gesamtbild in einem Teilaspekt zu integrieren. Diese psychische Entwicklungsleistung ist nach Mahler der Konsolidierungsphase zuzuordnen und ist Voraussetzung dafür, daß sich das Selbst als eine gefestigte innere psychische Instanz entwickelt, mit der Fähigkeit ausgestattet, reale Beziehungen zu realen Menschen aufnehmen und gestalten zu können. Und sie beinhaltet die Fähigkeit, daß das Kind auch bei vorübergehender Abwesenheit der Mutter ihr inneres gutes Bild erhalten kann und in der Lage ist, Idealisierungen aufzugeben. Das Kind kann die Mutter lieben, auch wenn es manchmal auf sie ärgerlich ist. Und es kann sich geliebt fühlen, auch wenn es gelegentlich den Ärger der Mutter erlebt.

Martha genießt es, wenn sie mich ganz lange anschauen kann. Sie sieht, wenn ich mal müde bin, wenn ich fröhlich oder mißgestimmt bin. Jede Regung in meinem Gesicht scheint sie wahrzunehmen. Zunehmend traut sie sich, mich damit zu konfrontieren. Sie will wissen, ob ich ihretwegen müde oder angestrengt bin. Sie will wissen, ob ich gern mit ihr zusammen bin und mich freue. Ich beantworte ihre Fragen. Sie mag es, wenn ich in ihrem Gesicht »lese«, wenn ich sage, was ich in ihm wahrnehme. So entwickelt sich langsam ein neues Spiel. Über das »Gesichterlesen« schlage ich vor, daß ich ihr Gesicht so anmalen könne, wie ich es im Moment sehe. Martha stimmt dem zu; sie kennt das Anmalen von Gesichtern vom Fasching. Sie genießt dieses Anmalen, streckt mir ihr Gesicht entgegen und ist voller Neugier, wie sie wohl nachher aussehen wird. Später besteht sie darauf, mein Gesicht anzumalen, und ich sehe in ihrem Gesicht ihre Freude, in mein Gesicht all das zu malen, was sie inzwischen für mich empfindet. Es ist ein sehr zärtliches Spiel, voller Zuneigung und Liebe. Unsere Augen begegnen sich, und so entdeckt Martha eines Tages die kleine Martha in meiner Pupille. Überraschung und Freude löst dies aus. Sie vergewissert sich, ob auch ich in ihren Augen mich ganz klein sehen kann. Ich nicke. Es ist, als ob diese Selbstspiegelung Martha noch sicherer macht in ihrer wachsenden Gewißheit, daß sie existiert und Beziehung zu mir hat.

Martha interessiert sich für mein Gesicht, als wolle sie mich in allen Einzelheiten erkennen. Mahler schreibt, wie Kinder zum Ende der symbiotischen Phase mit dem Gesicht der Mutter beschäftigt sind, es ertasten und begreifen, das erste Subjekt der Umwelt als solches erkennen wollen (Mahler u.a. 1984, S. 74 ff.). In den Augen der Mutter erkennen sie sich selbst und erfahren, daß die Mutter Teil der sie umgebenden Welt ist. Über das vertrauensvolle Zuwenden zur Mutter lernen sie, sich der Welt zuzuwenden. In den liebenden Augen der Mutter sich spiegeln zu können, ist die Voraussetzung dafür, sich selbst als liebenswert anzuerkennen. Damit sich ein stabiles Selbst entwickeln kann, benötigt das Kind für seine Entwicklung einen liebenden, spiegelnden Menschen als Gegenüber, welches eine zeitlang idealisiert werden darf (Mahler u.a. 1984, S. 67). Sich in den Augen einer geliebten Person spiegeln, d.h. erkennen zu können, ermöglicht Wachsen von Individualität und damit das Entwickeln der Fähigkeit, sich gleichzeitig getrennt und zugehörig fühlen zu können. So werden in einer nachnährenden Therapie über Regression noch einmal die wichtigen frühen Entwicklungsphasen berührt und wiederbelebt. Martha probiert nun zunehmend ihre Autonomie fördernde Impulse aus, um anschließend über Formen der Annäherung sich rückzuversichern, ob ich sie denn auch noch mag, wenn sie ihren eigenen Wünschen folgt. Die Trennung von der Mutter ist verbunden mit der Bildung von Selbstgrenzen. Das Kind erlernt die Fähigkeit zu trennen, was zu ihm und was zur Außenwelt gehört. Und es entwickelt die Fähigkeit, an dieser Selbstgrenze durchlässig zu sein, d.h. einerseits aufnehmen zu können, sich berühren lassen zu können von dem, was die Welt ihm entgegenbringt und andererseits, abgeben und ausdrücken zu können, was an Gefühlen, Strebungen, Impulsen innen ist. Trennung und Kontakt sind also unlöslich miteinander verbunden (Wirtz 1989, S. 142 ff.).

Sexuell mißbrauchte Kinder sind an dieser Grenze ihres Selbst tief verletzt und verunsichert worden. Sie haben Berührungen in Form von Verletzungen über sich ergehen lassen müssen, die sie weder steuern noch verhindern konnten. Und sie haben diese Überflutung von schädigenden Berührungen, verletzendem Eindringen durch ihre körperliche Grenze »Haut« in der Regel von einer Person ertragen müssen, die sich ihnen mit einem Vertrauensvorschub nähern konnte. Verwirrung, unkontrollierbare Durchlässigkeit, Verschluß, Anästhesierung, Spaltung, also »Aussteigen aus dem Körper«, um hier nur einiges zu nennen, sind die Folgen. Diese Abwehrmechanismen sind notwendig, um die überwältigenden Gefühle der Angst und der Schmerzen in der Situation des Mißbrauchs zu überleben. Sie sind als Schutz des Selbst zu verstehen (Kohut 1981, S. 97 ff.).

»Nein-sagen«

Marthas Grenzen wurden innerhalb ihrer familiären Entwicklung von der Mutter und vom Vater verletzt. Die Mutter nahm ihre Überlastung nicht wahr, der Vater überging sie, indem er sie mißbrauchte.

Martha hatte nicht lernen können »Nein« zu sagen, sie hatte nicht erfahren, daß ihr »Nein« gehört und ernst genommen wird. Die ersten »Nein-Äußerungen« eines Kindes sind seine Unlustäußerungen: das Knattern, Weinen, Schreien, und wenn alles nicht hilft, das Wimmern. Es ist darauf angwiesen, gehört zu werden, daß jemand kommt und die Quelle der Unlust beseitigt. Sind Eltern nicht ausreichend empathisch, um die Äußerungen ihres Kindes zu verstehen, erlebt das Kind eine tiefe Verlassenheitsangst, es erlebt sich in seiner ganzen Existenz bedroht.

Andererseits erfährt das Kind über das Verstandenwerden, daß die Mutter, die es ja in diesem frühen Entwicklungsstadium noch als zu sich gehörig erlebt, »Nein« sagen und entsprechend handeln kann, wenn sie die Quelle der Unlust beseitigt. Je getrennter es sich von der Mutter erlebt, desto mehr erfährt es, daß sein Wille von den Eltern gehört und ernst genommen wird. Es lernt dabei gleichzeitig, auf seine eigenen Lust- und Unlustregungen zu hören und entsprechende Strategien zur Beseitigung der Unlust zu verinnerlichen. Jedes Kind muß diese Erfahrungen machen, um überleben zu können. Nicht immer geschieht dies so ausreichend, daß die Fähigkeiten zur Abgrenzung sicher gelernt werden können.

Sexueller Mißbrauch ist aber Gewaltanwendung, und zwar unabhängig davon, ob das Kind zum Zeitpunkt der Gewaltanwendung »Nein« sagen konnte oder auf sein »Nein« nicht reagiert wurde bzw. ob es bereits geschädigt war oder nicht. Väter und Männer sind erwachsen, sie sind dem Mädchen körperlich überlegen, sie nutzen die Abhängigkeit zu ihrem Vorteil aus. Der Fakt der bereits vorhandenen Schädigung zum Zeitpunkt des sexuellen Mißbrauchs ist lediglich von Bedeutung, wenn es um die anschließende Einschätzung des Ausmaßes der Gesamtschädigung im Rahmen der Bemühungen zum Schutz und zur Hilfe des Kindes geht. So trifft der sexuelle Mißbrauch ein Mädchen ungleich tiefer, wenn sich bereits vorher frühkindliche Defizite entwickeln mußten. Zu leicht geraten wir sonst in der Diskussion um den Schuldigen in ein altes Fahrgleis, nämlich die Mutter für alles verantwortlich zu machen, was ein Kind an Schädigungen im Laufe seiner Entwicklung davonträgt. Es könnte sich dann leicht so anhören: »Weil die Mutter das Kind während der ersten Phase der kindlichen Entwicklung nicht ausreichend liebevoll versorgen konnte, gerät das Mädchen mit seiner übergroßen Bedürftigkeit an den Vater, der seinerseits den Verführungskünsten seiner Tochter nicht widerstehen kann.« Hier wird gleich zweimal der weiblichen Seite innerhalb der menschlichen Gesellschaft die Schuld zugeschoben: einmal der Mutter, weil sie nicht genug mütterlich ist, und einmal der Tochter, weil sie so verführerisch ist, während die Handlung des Vaters als Schwäche abgetan wird. Mit der Mißachtung von Weiblichkeit, die sich innerhalb der analytischen Literatur seit Freuds Thesen über die Unmöglichkeit der Entwicklung reifer weiblicher Sexualität zäh hält, haben wir noch heute zu tun (Rohde-Dachse 1990, S. 30 ff.).

Sprechen Mädchen von sexuellen Handlungen, die von ihrer Qualität her in den Erwachsenenbereich gehören, so ist in jedem Fall anzunehmen, daß sie solchen Handlungen bereits ausgesetzt waren. Solche Erzählungen als Phantasie abzutun, dient lediglich unserem eigenen Schutz vor der Ungeheuerlichkeit der Handlungen. Kinder können nur über etwas phantasieren, womit sie auf irgendeine Weise bereits in Berührung gekommen sind.

Der Täter kann das »Nein« seines Opfers allein aus der Tatsache heraus überhören, weil er körperlich überlegen ist. Was geht in einem Vater vor, der seinen erigierten Penis in den kleinen festgeschlossenen After seiner vierjährigen Tochter zwingt? Kavemann/Lohstöter zitieren in ihrem Buch den Bericht eines Therapeuten, der mit Gruppen mißbrauchender Väter arbeitete. »... Als ich anfing zu sprechen, konnte ich nicht genug darüber staunen, daß es ganz normale berufstätige Männer waren, durchschnittliche Mitglieder der Gesellschaft. ... Ich hielt mich selbst für einen netten Jungen, der nie in der Lage wäre, so etwas zu tun. Ich wollte, daß diese Männer Monster wären. Ich wollte, daß sie sich von mir unterschieden, so verschieden wie möglich« (Kavemann/Lohstöter 1985, S. 96 f.). Mir geht es an dieser Stelle nicht darum, mich in die Psyche eines väterlichen Täters einzufühlen, und doch habe ich mir während der Beschäftigung mit dem Mißbrauch immer wieder diese Frage gestellt: Wie ist es möglich? Nach meinem Verständnis hilft zur Beantwortung dieser Frage die Beschäftigung mit der feministischen Auseinandersetzung zu »Sexualität und Gewalt«. Wobei wir Frauen uns auch die Frage unserer eigenen Mittäterschaft stellen müssen (Thürmer-Rohr 1988).

Mädchen und Frauen machen von klein auf die Erfahrung, daß ihr »Nein« in dieser Gesellschaft wenig Gewicht hat, daß ihre Bedeutung in einer von männlichen und erwachsenen Normen bestimmten Welt gering gehalten werden muß, daß sie beschnitten und begrenzt werden müssen im Leben ihrer Bedürfnisse (Belotti 1975). Über die Gründe hierzu wurden vielerlei Überlegungen angestellt. Ursula Wirtz schreibt dazu, daß »im Bild der männlichen Sexualität ... Befriedigung das zentrale Motiv [ist], was die Frau zum Objekt herabwürdigt. Kinder eignen sich aus dieser Perspektive noch besser zum Objekt, da sie noch abhängiger, hilfloser und verfügbarer sind und dem Mann das Gefühl vermitteln, stark und mächtig zu sein.« Sie meint im weiteren, daß erwachsene Männer eigentlich eine tiefe Unsicherheit und Angst vor der erwachsenen Frau zu bewältigen hätten und zieht dafür psychoanalytische Erklärungsansätze heran. Der Mann neige in seinem Leben immer wieder dazu, in die erste Identifikation und Nähe mit der Mutter zurückzukehren, diese Sehnsucht sei aber gleichzeitig sehr angstbesetzt, weil dabei die männliche Identität in Frage gestellt werden müsse. Diese unbewußten Gefühle der Ohnmacht, die der Mann bei jeder Begegnung mit der Frau wiedererlebt, müßten daher kompensiert werden, und zwar »... durch das von der Gesellschaft verliehene Gefühl der Macht« (Wirtz 1989, S. 169 f.).

Im therapeutischen Prozeß mit Martha geht es nun darum, sie mein »Nein« erleben zu lassen, verbunden mit der gleichzeitigen Erfahrung, daß ich nicht »Nein« zu ihrer Person sage, sondern zu einem Ausdruck ihres Verhaltens. Martha erprobt, ob ich »Nein« meine, wenn ich »Nein« sage. Sie versucht immer wieder, mich rumzukriegen, mit allen möglichen Tricks. Schalkhaft versucht sie, mich zu erweichen. Oder sie wird wütend, boxt gegen mich und nennt mich eine dumme Sau. Ich erlebe Marthas kindliche Verführungskünste und bin doch sicher in dem, was ich ihr entgegenbringen will: klare Grenzen, an denen sie sich orientieren kann. Ich sage dieses »Nein« gleichzeitig liebevoll und fest, ich möchte sie spüren lassen, daß da eine Grenze ist, die ich setze und daß ich sie gleichzeitig lieb habe. »Nein« war bisher zu oft mit Versagen und Liebesentzug verbunden und wurde von Martha als Verlassenwerden erlebt.

Ich spüre, wie wichtig es für Martha ist, mich als stärker zu erleben. Wenn ich stärker bin, kann sie sich auf mich verlassen, ich halte sie. Nach jedem Kampf sinkt sie müde und zufrieden in meine Arme. Die

Welt scheint wieder in Ordnung zu sein. Ich denke, Martha hat im Kampf um die Grenze sich an ihr reiben und dabei sinnlich erfahren können, wo sie aufhört und wo ich anfange.

Um die Entwicklung neuer Schuldgefühle zu vermeiden, ist es beim Ausloten der Grenzen wichtig darauf zu achten, daß Mädchen die Therapeutin nicht wirklich verletzen können. Bevor Stöße schmerzhaft werden, sage ich: »Ich glaube, jetzt könnte es mir gleich weh tun, nimm die Matratze, wenn du weiter stoßen willst.« So vermittle ich gleichzeitig die Erfahrung, daß es möglich ist, sich vor Schmerz und Verletzung zu schützen.

Nachdem Martha lang genug meine Grenzen erprobt hat, beginnt sie, ihre eigenen Grenzen im Kontakt zu mir zu erkunden. Sie kündigt dies an, indem sie von Situationen außerhalb der Therapie berichtet, z.B. Spielsituationen mit Freundinnen oder Geschwistern: »... und dann hatte ich keine Lust mehr« oder: »... dann wollte ich was anderes spielen« oder: »... das fand ich doof, daß die immer das machen wollte«. Ich zeige mein Verständnis, sage, daß es erlaubt ist, unlustvolle Situationen zu beenden und stütze sie im Umgang mit daraus erwachsenden Problemsituationen: »Wenn die Freundin ärgerlich ist, weil du ein Spiel beenden willst, dann weiß sie vielleicht noch nicht, daß es besser`für eine Freundschaft ist, wenn keine von beiden zu etwas gezwungen wird.« Das versteht Martha mehr und mehr. Sie beginnt, ihr »Nein« auch in der therapeutischen Situation auszuprobieren und beobachtet meine Reaktionen.

So entwickeln sich Stunden um das »Nein«. Nicht der Inhalt scheint wichtig, sondern das »Nein« und seine Akzeptanz. Schließlich spielen wir mit dem »Nein«. Martha sagt »Nein« oder »Ich will nicht«, schreit es, wird wütend, schaut mich an oder lacht und scherzt dabei. Mein spielerisches »Nein« oder »Doch«, mein spielerischer Ärger wird wahrgenommen und als Ermutigung zum »Nein-Sagen« aufgefaßt. Schließlich versucht Martha mit ihrem »Nein« therapeutische Regeln außer Kraft zu setzen. Sie will nicht aufräumen. »Nein, mach du das.« Und es ist für sie sehr schmerzlich, schließlich zu akzeptieren, daß es Regeln gibt, die ich setze und die sie akzeptieren muß, daß sie mit ihrem

»Nein« nicht allmächtig ist, an Grenzen stößt. Aber die Grenzen umschließen ein weites Feld, in dem sie sichere Orientierung hat und sie erproben kann.

»Ja-sagen«

Das Boxen und Stoßen geht langsam in weniger heftige Bewegungen über. Wir spielen »Kriegen«. Martha läuft um einen Schaumstoffblock herum und fordert mich auf, sie zu begleiten. Jedesmal, wenn ich sie berühre, gibt es ein großes Gekreische. Martha zeigt mir, wo sie kitzelig ist und fordert mich auf, es auszuprobieren. Beide sind wir schon sehr sorgsam beim Auswählen der Körperstellen, unterm Arm, am Rücken, unter der Fußsohle, am Kinn. Wenn die Sicherheit besteht, daß Grenzen eingehalten werden, macht Kitzeln Spaß und bereitet Lust. Das Kitzeln geht langsam über in das Käferspiel. Viele kleine Käfer krabbeln in Form meiner Finger auf ihrem Rücken. Martha aalt sich genüßlich auf dem Bauch und grunzt vor sich hin. Auch ich empfinde Freude und Spaß. Schließlich geht es darum, gestreichelt zu werden. Meine Handflächen berühren sie zart und mütterlich. Ich spare den Genitalbereich, den Po, die Oberschenkel und den Brustbereich aus. Ich spüre unter meinen Händen, wie Martha sich entspannt. Manchmal findet sie es besonders schön, wenn sie in meine Augen schauen darf. Ich sehe ihre Liebe und ihr Vertrauen und fühle mich beschenkt. Martha sagt zu meinen Berührungen: »Ja«, weil ich das »Nein« bei der Auswahl der Körperstellen und der Berührungsart berücksichtige.

Martha konnte sich nun zunehmend auf zartere Formen der Berührung einlassen. Wegstoßen ist nicht mehr nötig, sie erfuhr, daß sie den Körperkontakt mit mir entsprechend ihrer kindlichen Bedürfnisse steuern konnte und meine Art der Berührungen mütterlich waren und ihr kindliche Lust bereiteten. Martha bereitete unbewußt das Durcharbeiten der sexuellen Verletzung vor. Erst wenn genügend alternative Erfahrungen gemacht worden sind, ist es gut, sich den verletzenden Erfahrungen zu nähern.

Ich frage Martha, ob der Papa sie auch manchmal gekitzelt hat. Sie bejaht und gleichzeitig zieht Scham über ihr Gesicht. Ich sage: »Manchmal war es schön und manchmal nicht.« Martha nickt: »Manchmal hat er mich so komisch angefaßt und angeguckt, das mochte ich nicht.«

Hier drückte Martha aus, was mißbrauchte Mädchen und Frauen immer wieder beschreiben: Daß der Täter Körperberührungen, die eigentlich gute Gefühle machen, langsam und schleichend zum Mißbrauch benutzt. Das Kind erlebt ganz fein den Übergang von etwas, was anfangs als väterliche Zärtlichkeit galt und in der Verletzung endete.

»Mein Daddy spielt mit meinen blonden Haaren. ... Er spielt mit meinem Bauchnabel und klimpert mit den Pennys in der Hosentasche. Mein Daddy drückt meine Beine zwischen seine Knie ... Der leichte Wind weht Fliederduft ins Zimmer. ... und ich kriege eine Gänsehaut« (Fraser 1988, S. 15).

Liebe

Dolto zeigt in ihrem Buch »Über das Begehren« die verschiedenen Entwicklungsstufen von Liebesfähigkeit auf. Dabei trennt sie zwischen Herzensliebe und Liebe. Während in der vorödipalen Phase jede zärtliche Zuneigung des Kindes, jede seiner Liebesäußerungen als prägenitale Libido verknüpft ist mit Begehren, Lust bzw. Unlust, also auch kindlicher Sexualität, kommt es innerhalb der Libidoentwicklung durch die »ödipale Kastration« der Eltern zur Trennung von Herzensliebe als asexuelle Liebe und Liebe, verbunden mit sexuellem Begehren. Das Kind beginnt, auf sein kindlich-sexuelles Begehren gegenüber dem andersgeschlechtlichen Elternteil zu verzichten. Voraussetzung für diese Entwicklungsleistung des Kindes ist ihrer Meinung nach, daß die Eltern selbst in ihrer Libidoentwicklung die genitale Reife erreicht haben, also zwischen genitaler Liebe und Herzensliebe trennen können, dann können sie ihre Kinder unbesorgt berühren. Sie lassen in ihrem Kind »... keine Zweifel aufkommen, daß sie ihnen die ödipale Kastration zumuten werden.«

Der Verführer vor einem riesigen Penisbaum

Wenn aber die Beziehung der Eltern zu ihrem Kind nicht frei von sexuellem Begehren ist, dieses aber geleugnet wird, dann fühlt das Kind sehr rasch das inzestuöse Begehren des Erwachsenen, »es spürt, daß sein eigenes Begehren beim Erwachsenen auf sexuelle Resonanz stößt, auch wenn dieser es abstreitet« (Dolto 1989). So werde das Kind verstrickt in einen familialen Beziehungswust, ohne Orientierung an Generationsgrenzen, ohne die Möglichkeit, klar trennen zu können zwischen Herzensliebe für die Eltern und aufgeschobener genitaler Liebe im späteren Erwachsenenalter.

Marthas Lust am Kitzeln nahm ich prägenital wahr. Sie durchflutete den ganzen Körper und war gleichzeitig Ausdruck ihrer bereits entwickelten kindlichen Liebe zu mir. Ich achtete auf meine Gefühle: Welche Lust spürte ich? In meiner mütterlichen Liebe zu Martha erlebte ich mich klar und eindeutig.

Reale Mutter und Therapiemutter

Marthas große Bedürftigkeit und ihr karges Zuhause ließen sie aufgrund ihrer Erfahrungen mit mir den Wunsch entwickeln, ich solle ihre wirkliche

Mutter sein und sie mit nach Hause nehmen. Auch hier erprobt Martha eine Grenze, die Grenze unserer therapeutischen Beziehung.

»Ich möchte bei dir wohnen.« Als Martha dieses ausspricht, kann ich sie gut verstehen. Ich denke einen Moment an meine Tochter. Auch wenn sie manchmal nicht mit mir zufrieden ist, so hätte Martha es ungleich besser als in ihrem Zuhause, dessen bin ich sicher. Und gleichzeitig ist mir klar: Ich bin nicht ihre Mutter und will es auch nicht sein. Ich bin für einige Zeit ihre Therapiemutter, ich habe mütterliche Gefühle und Verantwortung während unserer Stunden. Ich sage:»Ich verstehe dich, und du wärst auch eine ganz liebe kleine Tochter, und doch bist du es nicht. Wenn wir uns hier einmal in der Woche treffen, sind wir zusammen wie Mutter und Kind. Danach gehst du in dein Zuhause und ich in meines. Und in einer Woche sehen wir uns wieder. Ich habe dich auch lieb, wenn du nicht bei mir bist und wenn du nicht meine richtige Tochter bist.«

Mich schmerzt diese nötige Abgrenzung und die damit verbundene Konfrontation Marthas mit der Wirklichkeit, und doch ist es notwendig, Martha stabiler dort einzubinden, wo sie wirklich zu Hause ist.

Kindern wird innerhalb einer nährenden Therapie oft die elterliche Mangelsituation erst deutlich. Das Erkennen muß lange abgewehrt werden, weil es zu schmerzhaft wäre.

Ich finde es besonders wichtig, alles, was mir am Elternhaus positiv erscheint, als solches hervorzuheben und zu betonen. Auch um Loyalitätskonflikte zu vermeiden, soll das Mädchen erleben können, daß ihre Therapeutin die Mutter achtet und wertschätzt. Ich bin der tiefen Überzeugung, daß Väter und Mütter von Kindern, die überleben, nicht nur schädigend waren. Auch wenn sich dies innerhalb einer Therapie zunächst so darstellen sollte und lange und tief gegraben werden muß, um gute Erfahrungen wiederzubeleben. Und ich habe sehr oft erlebt, wie Kinder über alle Verletzungen hinaus ihre Eltern lieben, manchmal in Lebenssituationen, die für mich ausschließlich den Anschein von Schrecklichkeit hatten. Wir können Kindern im Sinne der Ich-Stützung Möglichkeiten vermitteln, die dazu befähigen, sich im Elternhaus erfolgreicher für die Erfüllung der Bedürfnisse einzusetzen, sich auf zusätzliche gute Beziehungen einzulassen, und manchmal kommen wir nicht umhin, nach einer Ersatzfamilie zu suchen.

»Warum hast du das getan?« – ein Versuch des Durcharbeitens und der Integration

Die Beschäftigung mit dem Thema »sexueller Mißbrauch«, in welcher Form auch immer, ist ohne das Stellen der Sinnfrage kaum denkbar. Masson, der sich mit Freuds späterer Leugnung des realen Mißbrauchsgeschehens auseinandersetzte, wählte für sein Buch einen nach dem Sinn suchenden Titel: »Was hat man dir, du armes Kind, getan?« (Masson 1986). Auch Wirtz schildert, wie bedeutsam für ihre mißbrauchten Klientinnen die Suche nach einer Antwort auf die Sinnfrage war. Und sie nimmt eindeutig Stellung: »Ich glaube, daß es ein Trugschluß ist, anzunehmen, daß die Erfahrung der sexuellen Ausbeutung Sinn macht.« Sie deutet den Versuch, eine Antwort auf das »Warum« zu bekommen, als eine Überlebensstrategie, als einen Bewältigungsversuch: Wenn es einen Sinn gäbe, dann wäre gleichzeitig die Möglichkeit der Versöhnung mit dem Schicksal möglich. Wirtz meint, daß die dauernde Frage nach dem Sinn schließlich eine erneute Gewaltanwendung der Frauen gegen sich selbst darstellen könne und kommt zu dem Schluß, daß es wichtig sei, sich schließlich von dieser nicht zu beantwortenden Frage zu verabschieden, um sich dem Leben im Wissen um die eigene Verletzung neu zu öffnen (Wirtz 1989, S. 151 ff.).

Auch Martha beschäftigte sich während des Durcharbeitens der Verletzung immer wieder mit der Frage »Warum?«, verbunden mit dem sehnlichen Wunsch, wenn schon nicht vom Vater, so doch von mir eine Antwort zu bekommen. Ich fühlte mich hilflos; wie gern hätte ich Martha eine Antwort ermöglicht und wußte doch selbst keine.

Ich spürte in dieser Phase unserer Arbeit Empörung und Betroffenheit und wußte gleichzeitig, daß ich meinen eigenen Gefühlen gegenüber wachsam sein mußte. Ich wollte zwar parteilich sein, aber nicht konfluent werden. Ich wollte spüren, welche Gefühle Marthas Leid in mir anklingen ließen, ich wollte mich anrühren lassen von ihrem Schmerz und ihren Gefühlen, die sie bisher in ihrem kleinen Leib vergraben mußte. Aber ich wußte gleichzeitig um die Notwendigkeit, mir meines Getrenntseins von Martha bewußt zu sein. Hier ging es um ihr Leid, ihre Verletzung, und sie brauchte meine ganze Wachheit und Zugewandtheit ohne Verstrickung mit meinen eigenen Gefühlen.

Petzold spricht in diesem Zusammenhang von »selektiver Offenheit« und »partieller Teilnahme«, beides Werkzeuge einer Therapeutin, die bereit ist, sich mit ihrem Erleben, ihrer Emotionalität und ihrer Körperlichkeit auf die Beziehung zum Klienten einzulassen und gleichzeitig ihre Selbstregulation nicht verliert, obwohl ihr der »... ganze Reichtum der persönlichen Erfahrung zur Verfügung steht« (Petzold 1980, S. 259).

Nachdem Martha über viele Monate meine ausschließlich mütterliche Zuwendung, meine »Nahrung« in sich aufgenommen hatte, war der Boden bereit, sich an die verkapselte Verletzung heranzuwagen. Deshalb halte ich in dieser Therapiebeschreibung auch eine entsprechende Reihenfolge ein. Grundsätzlich gilt: Erst Boden schaffen, Beziehung entwickeln lassen, die Verankerung in der Welt stärken. Erst dann ist es zu verantworten, sich traumatischen Verletzungen zu nähern. Und doch können uns manchmal die Ereignisse überrollen: Wenn die Verletzungen so dicht unter der Oberfläche liegen, können sie hervorbrechen, ohne daß genügend Zeit war, den Boden zu bereiten. Hier sind wir mit all unserer therapeutischen Kompetenz gefordert, müssen stützen, steuern, begleiten, Struktur setzen, Kontakt halten, und den verletzten Leib, der im Erleben dann durch seine Schmerzen manchmal sich aufzulösen oder auseinanderzubrechen droht, mit den realen Mitteln unseres Körpers zusammenhalten.

Während des Durcharbeitens treten neben der Angst und dem Schmerz verschiedene, bisher verdrängte Gefühle in den Vordergrund: Wut, Haß, Rache, Trauer, Verzweiflung, Ekel, schließlich auch Lust, Liebe, Freude. Die Schilderung des weiteren Therapieverlaufs werde ich mit ihrem Auftreten verknüpfen.

Angst

In der Phase der Annäherung an die Verletzung ist ein strukturierender, Orientierung gebender Therapiestil notwendig. Immer hat das Mädchen Angst, sich den schmerzlichen Gefühlen zu nähern. Lassen wir zuviel unstrukturierten Raum, wirkt dies erneut ängstigend und verlassend. Angst äußert sich oft als Widerstand. In der Arbeit mit Kindern erleben wir ihn häufig als »protektiven Widerstand«, also den interpersonalen Versuch zu verhindern, mit dem verdrängten schmerzlichen Erlebnis in Berührung zu kommen (Petzold/Ramin 1987, S. 396). Das bedeutet, daß das Mädchen versucht, die Beziehung zu ihrer Therapeutin so zu beeinflussen, daß die Verletzung, um die es schließlich geht, nicht in den Vordergrund des Erlebens tritt.

Martha hätte vielleich unendlich lange »Mutter und Kind« mit mir spielen können, sie hätte mich sicher auch gern als Ersatz für anfangs noch fehlende Spielkameraden in ihre Welt miteinbeziehen mögen, und doch spürte ich, daß das Festhalten an liebgewordene Spielrituale nicht nur aus noch vorhandener Not, sondern auch aus Angst geschah, sich den Verletzungen zu nähern.

Papa steht nachts am Bett seiner schlafenden Tochter ...

Lammers-Winkelmann beschreibt etwas ähnliches: »Doch muß schließlich etwas geschehen, denn wenn die Initiative ganz dem Kind überlassen wird, kann es lange dauern, bis der Prozeß in Bewegung gesetzt wird« (Lammers-Winkelmann 1989, S. 5).

... er schlägt sie mit der Hand

Zur Hilfe kommen mir Marthas Schlafstörungen, von denen sie mir berichtet. Sie könne nicht einschlafen, sie habe Angst, wisse aber nicht genau, wovor. Martha möchte, daß ich ihr helfe, die Angst zu überwinden. Ich:»Das ist schlimm, nicht schlafen zu können, laß uns rausfinden, was dir Angst macht.« Martha:»Ich habe Angst, es könnte jemand ins Zimmer kommen, oder auch nachts ..., daß jemand in meinem Zimmer steht.« Ich:»Wer könnte das sein?« Martha weicht aus, sie wisse auch nicht, nur so. Ich sage, daß ich mir schwer vorstellen könne, daß sie Angst vor den Geschwistern oder der Mutter habe. Martha lächelt verlegen:»Nein, das stimmt.« Ich spüre, daß Martha bereits eine Ahnung hat, wem diese Angst gilt, es ist schwer für sie, es auszusprechen. So helfe ich ihr:»Vielleicht hast du Angst, daß dein Vater kommt.« Martha schaut auf, hellwach, um einen Moment später schluchzend in meine Arme zu fallen. Es bricht aus ihr heraus:»Ich weiß nicht, ... doch, ... ja ...« Ich halte sie, möchte sie schützen, ihr das Gefühl vermitteln, nun nicht allein zu sein. Schließlich berichtet Martha, sie wisse nicht, wo der Vater sei, ob noch im Gefängnis oder schon wieder draußen. Er habe ihr damals gedroht, er werde sie umbringen, wenn er wieder draußen sei. Die Mutter wisse auch nichts. Sie überlege auch immer, ob er noch einen Haustürschlüssel besitze, so daß er jederzeit in die Wohnung könne.

Andere Ängste treten in den Vordergrund ihres Erlebens: Daß sie nicht gut allein in der Wohnung sein kann, daß sie nicht gern allein in die Schule geht, daß sie Angst vor den großen Jungen und dem zwei Jahre jüngeren Bruder hat, daß sie manchmal in den Straßen sich nicht mehr auskennt und befürchtet, sich zu verlaufen und daß sie Angst hat, ihren Körper nicht mehr sauberzukriegen. Mir wird erschreckend Marthas Einsamkeit innerhalb der Familie deutlich. Ihre Angst, mit ihrer Angst vor dem Vater nicht ernstgenommen zu werden. Diese hatte sie wohl auch veranlaßt, innerhalb der Therapie so lange zu warten, bis sie sich mir anvertraute. Mir ist klar, daß es zuallererst darum geht, dafür zu sorgen, daß sich Martha innerhalb ihres Zuhauses sicher fühlt. Es geht also um die Bewältigung ihrer realen Ängste. Wo ist der Vater? Kann ein neues Wohnungstürschloß eingebaut werden? Was macht Martha, wenn der Vater an die Tür klopft, am Telefon ist oder nach der Schule auf sie wartet?

Als die Mutter zum Schluß der Stunde kommt, um Martha abzuholen, kläre ich in ihrem Beisein diese Fragen. Martha darf, bis sie sich wieder sicher fühlt, im Zimmer der Mutter schlafen. Sie geht den Schulweg mit einer Klassenkameradin und die Mutter sorgt dafür, daß Martha erstmal nicht allein in der Wohnung ist. Ich gebe ihr zum Abschied der Stunde einen kleinen Stoffelefanten mit: »Der ist sehr stark, der paßt auf dich auf.« Fortan schläft Fridolin bei Martha. Wir haben begonnen, uns Marthas Ängsten zuzuwenden. Martha ist bereit, sie ernst zu nehmen und beginnt damit, gemeinsam mit mir an der Überwindung zu arbeiten.

In der Arbeit mit Marthas Ängsten geht es mir also erst einmal darum, reale, angstauslösende Situationen in ihrem jetzigen Leben aufzulösen. Ich möchte, daß Martha sich jetzt angstfrei fühlt und daß sie erlebt, daß es Mittel gegen die Angst gibt. Nur so kann das Ich als der Teil, mit dem Martha sich handelnd und bewältigend in der Welt erlebt, wachsen und nur so werden wir uns langsam den früher bedrohlichen Situationen annähern können. Frühere Verlassenheits- und Mißbrauchserfahrungen, erlebt in einem Entwicklungsstadium, in dem die Selbst- und Ich-Entwicklung noch nicht abgeschlossen ist, werden mit einer immensen Intensität erfahren, sie wirken überflutend und überwältigend (Mentzos 1984, S. 31). Die Angst um ihren Körper, ihren Leib, um ihr Leben war für Martha nur um den Preis der Verdrängung (Mentzos 1984, S. 66 ff.) auszuhalten.

Angsterleben, und mag es noch so irreal erscheinen, ist nach meinem Verständnis Folge angstauslösender Situationen. Sie mögen vergessen bzw. verdrängt sein, sind aber doch geschehen. Ihnen auf die Spur zu kommen, ist wichtiger Bestandteil therapeutischer Arbeit. Gleichzeitig setzt das Annähern an die auslösende Situation notwendig das Wachstum des Selbst und des Ich voraus. Erst wenn diese über reifere Konfliktverarbeitungsmodi verfügen, können die erinnerten Szenen und Bilder, die verdrängten, wiederbelebten Gefühle ausgehalten und bearbeitet werden. Angst und Vermeidung sind deshalb häufig eng miteinander verknüpft. Es ist der Versuch, in Zukunft durch Umgehen ähnlicher, bedrohlicher Situationen nicht mit der Angst konfrontiert zu werden. Dies hat aber einen stetig steigenden Rückzug aus der Welt und damit eine wachsende Angst vor der Welt zur Folge. Magische, frühkindliche Verhaltensweisen können dabei wiederbelebt werden: »Was ich nicht sehe, gibt es nicht.« Es ist der Wunsch, es möge das Schreckliche, das ich nicht wahrhaben mag, nie dagewesen sein. Also glaube ich, daß es nicht existiert, wenn ich nicht hinschaue.

Martha hatte bisher versucht, ihre Ängste auszuhalten um den Preis ihrer Isolation innerhalb und außerhalb der Familie. Mit zunehmendem Bedürfnis, an der Welt der anderen wieder teilhaben zu wollen, wurden die Ängste erlebbarer und drängten nach einer Lösung. Isolation nach sexuellem Mißbrauch ist oft auch die Folge der Angst der Menschen in der Umgebung vor diesem Thema, wenn sie einem betroffenen Mädchen gegenüberstehen. Hier wird tabuisiert, hier darf es nicht geben, was so schrecklich ist, hier wird abgewertet, mißachtet und erneut verletzt, und hier werden Augen und Ohren allzuoft zugemacht, wird ausgegrenzt.

Martha war im Tagesheim und in der Schule wegen ihres Gebrauchs sexueller Wörter aufgefallen. Sie war als »frühreif« und »frech« bezeichnet worden. Man hatte sich überlegt, Martha auch deshalb umzuschulen. Niemand war auf die Idee gekommen, daß Martha etwas sagen wollte, sich trotz des Verbots des Vaters – »Wenn du was sagst, schlage ich dich tot.« – in ihrer Not mitteilen wollte. Auch hier geschah Vermeidung von etwas Bedrohlichem um den Preis der Kontaktlosigkeit durch die Umwelt. Martha hatte ein weiteres Mal erlebt, daß ihre Ausdrucksformen, ihre Wünsche und Bedürfnisse nach Verstehen nicht ernstgenommen werden.

Martha begann, in der Arbeit mit mir zunehmend wahrzunehmen, daß ich sah, zuhörte, mitfühlte, mit meiner Aufmerksamkeit bei ihr war und versuchte zu verstehen, was sie mir mitteilen wollte. Sie machte gleichzeitig die Erfahrung, daß es reale und aktuelle Gründe für ihre Ängste gab, die aufzulösen wir uns bemühten. Es war durchaus möglich, daß der Vater wiederkommen und sich an ihr rächen konnte. Es war ebenso möglich, daß sie in einer solchen Situation allein in der Wohnung wäre. Und es war so gewesen, daß die Kinder und Erwachsenen in ihrer Umgebung sie weiterhin mieden und ärgerten, auch als die Quelle ihres auffälligen Verhaltens aufgedeckt war. Martha erlebte, wie ihr das angelastet wurde, was sie hatte ertragen müssen. Die Zuschreibung von Schuld, die nicht ihre war.

Gleichzeitig klangen in der Qualität ihres Angsterlebens während der therapeutischen Situation bereits die frühen, bedrohlichen Ängst mit. Es war so, als ob eine lange ausgehaltene Angst, begonnen mit ihrem Alleingelassenwordensein, sich leiblich bedroht und von unbekannten Gefühlen des Vaters überflutet zu fühlen, langsam einen Ausgang aus einem dunklen, verborgenen Tunnel fand.

Martha ist im frühen Kindesalter mit sexuellen Handlungen und Gefühlen konfrontiert worden, die sie noch nicht verstehen und einordnen konnte. Sie war gerade dabei zu begreifen, daß es zwei verschiedene Menschen gibt, daß ihr Geschlecht dem der Mutter ähnlich ist. Sie hatte vielleicht schon mitbekommen, daß das Geschlecht des Bruders oder des Vaters anders aussieht. Und sie hatte vielleicht schon gehört, daß sie aus dem Bauch der Mutter gekommen war.

Dennoch waren ihre Vorstellungen von Zeugung, Geburt und Geschlecht in diesem Alter noch recht mystisch und voller Phantasie. Sie verstand noch nicht und hatte auch noch kein Interesse daran, wie Kinder gemacht werden, wie sie in den Bauch hineinkommen und wo sie wieder herauskommen. Der sexuelle Mißbrauch kann deshalb zum Auslöser vielerlei mystischer Ängste werden. Das Mädchen kann sich in die verwirrendsten Vorstellungen begeben, aus dem kindlichen Versuch heraus, zu verstehen, was es noch nicht verstehen kann.

Während des Inzests ist das Mädchen den bedrohlichen, verletzenden Handlungen eines ihm nahestehenden Menschen, dem es vertrauen sollte, um wachsen zu können, ausgesetzt. Es sieht seinen Penis, doppelt so groß

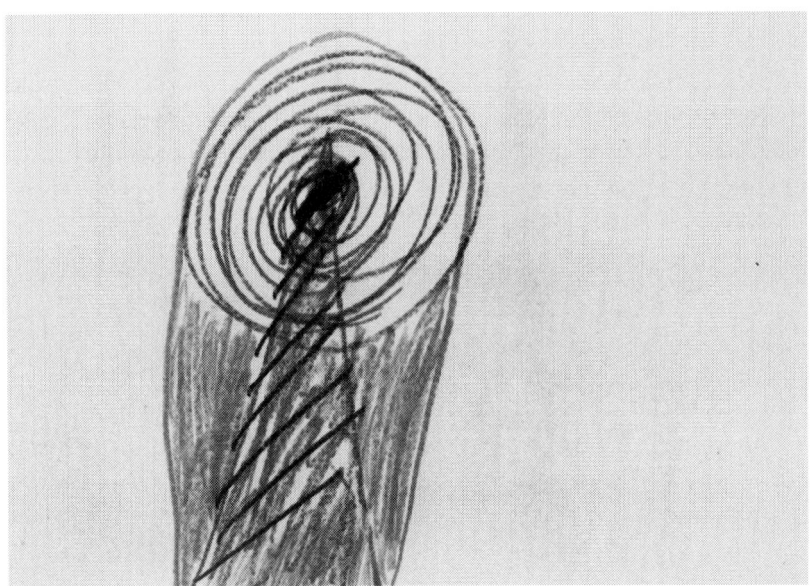

Penis, aus der Sicht einer als Kind sexuell mißbrauchten Frau

wie sonst und hart. Es sieht in das erregte, gerötete, verzerrte Gesicht des Vaters. Es erlebt ihn in einem Gefühls- und Erregungszustand, dessen Qualität ihm bisher verborgen war. Der Vater ist eben nicht einfach wütend, ungeduldig oder lustig, er ist sexuell erregt. Dieses Gefühl versteht das kleine Mädchen nicht, es ist ihm fremd, und es bereitet ihm Angst. Es erlebt den Samenerguß des Vaters, seine plötzliche Entspannung, fühlt sich klebrig und beschmutzt. Wenn der Penis in seinen kindlichen Körper eindringt, geschieht dies bis zur Körpermitte. So ist das gefühlsmäßige Erleben kleiner Mädchen, in die der Vater bis in ihre Mitte vorgedrungen war, eine reale Erfahrung und Bedrohung. Sie fühlen sich bis in ihre Leibmitte durchstoßen, bedroht, kaputt gemacht. Das sind existentielle Ängste in einer traumatisierenden Situation.

»Mein Daddy atmet ganz laut, so wie der atmet, wenn er schnarcht, und sein Bauch hebt und senkt sich, wie ich es bei dem Mondfisch am Strand [...] gesehen habe. Etwas Hartes drückt sich von unten gegen mich, schiebt sich zwischen meine Beine und unter meinen Bauch. Dann platzt es an mir und läuft in einer klebrigen Pfütze aus. Ich halte die Luft an, mir ist schlecht – ein Gefühl, als würde ich mich auf dem Klavierhocker ganz schnell drehen, bis der Sitz abfällt« (Fraser 1988).

Dies ist die Schilderung einer Frau über ihr Erleben als siebenjähriges Mädchen. Um wieviel bedrohlicher sind die Ängste eines vierjährigen Kindes, welches noch nicht über die Worte verfügt, um das schreckliche Geschehen zu beschreiben.

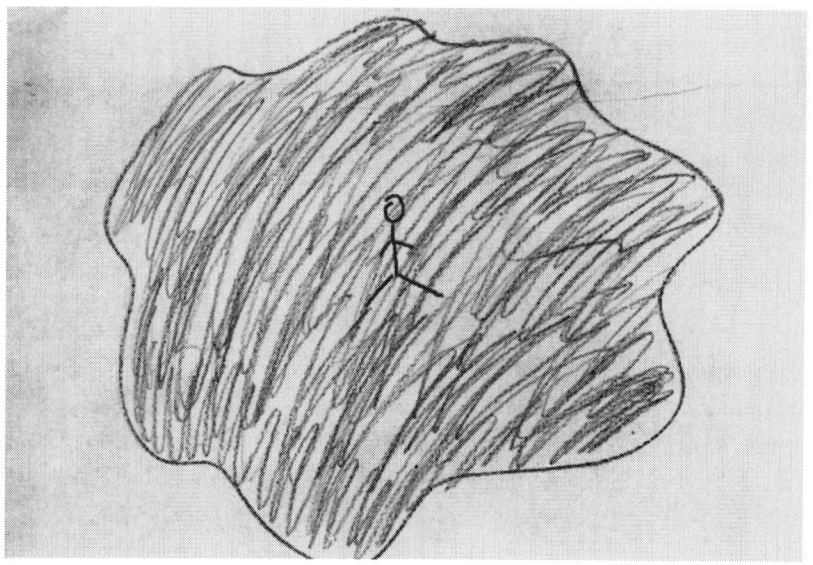

Überflutende Angst

Kleinen Kindern wird auch deshalb so häufig Gewalt angetan, weil Erwachsene immer noch glauben, daß die erlebten Verletzungen nicht schlimm seien, da Kinder ja sowieso vergessen. Sie versuchen, damit ihre Handlungen zu entschuldigen. Weil Kinder ihr frühes Leid nicht mehr so einfach erinnern können, entsteht die Vorstellung, es sei kein Schaden angerichtet worden. Symptome werden als Ungezogenheiten bewertet und brauchen nicht mehr mit ihrer Ursache in Verbindung gebracht zu werden (Miller 1981).

Therapeutisches Arbeiten mit frühen Schädigungen ist das Arbeiten an der Angst und mit der Angst. Die Angst des Mädchens zeigt uns unseren Weg. Nur wenn sie in einem erträglichen Maß während der liebevoll-stützenden Begleitung durch die Therapeutin erlebbar wird und dabei nicht erneut ängstigend, d.h. überflutend wirkt, können frühe Verletzungen verheilen. In der integrativen Therapie stehen uns für die Bearbeitung früher Ängste viele Methoden und Medien offen. Je nachdem, wie bedrohlich die jeweilige Situation ist, können wir sie gemeinsam mit dem Mädchen aus der Distanz anschauen wie eine Szene. Oder wir können in sie hineinsteigen und sie mit allen ihren Aspekten durcharbeiten. Wir können vielerlei Medien benutzen: Wir können Szenen malen lassen, wir können Angst malen lassen, wir können die Angst als einen Teil des Mädchens sprechen lassen, um sie erst einmal von außen erlebbar machen zu können. Wichtig ist immer, daß das Mädchen Stück für Stück Bewältigende seiner Angst wird und schließlich begreift, daß seine Angst richtig ist, daß sie sich auf einen realen Inhalt bezieht, auch wenn er noch so weit zurückliegt, und daß Angst schließlich den Sinn hat, sich vor Gefahren zu schützen. Mit zunehmender Angstbewältigung, mit zunehmendem Verstehen seiner Ängste wird es ihm möglich sein, Handlungsweisen zu entwickeln, die es befähigen, mit zukünftigen, angstauslösenden Situationen realitätsgerechter, selbst- und ich-schützender umgehen zu können. Dadurch wird sein Eingebundensein in die Welt, seine Fähigkeit, diese entsprechend seiner Bedürfnisse zu gestalten, entwickelt. Es wird lernen, bedrohliche Situationen von guten Situationen trennen zu können.

Schuld und Verantwortung

Martha fühlt sich schuldig, weil der Vater im Gefängnis sitzt, sie fühlt sich schuldig, weil der kleine Bruder so sehr den Vater vermißt, sie fühlt sich schuldig, weil die Mama keinen Mann hat und allein ist.

»Hätte ich nichts gesagt, dann wäre Papa nicht im Gefängnis.« »Hätte ich nichts gesagt, dann wäre Mama nicht so allein.« Ganz viele

»hätte« stehen immer wieder im Raum. Und: »Ich muß Mama ganz viel helfen, dann ist es nicht so schlimm.« Immer wieder äußert Martha ihre Schuld, wirkt bedrückt und belastet. Sie glaubt, was sie sagt, die Welt der Schuld ist ihre Realität. Mit jedem Stück Durcharbeiten treten neue Schuldzuweisungen auf, und alle benötigen der Korrektur: »Du bist nicht schuldig, du bist ein Kind, und Kinder haben keine Schuld, wenn Eltern ihnen wehtun. Der Papa ist schuld. Er ist erwachsen, er hätte wissen müssen, daß er etwas Verbotenes, Verletzendes tut.«

Hier geht es nicht nur um Schuldgefühle, sondern auch um reale Schuld. Sie muß gesehen und benannt werden, und sie muß von der Therapeutin dahin getan werden, wo sie hingehört. Das heißt erst einmal: zum Täter. Winkelmann weist auf die Notwendigkeit hin, das Kind von seiner Schuld zu entlasten und den Vater als den Täter, und damit als den Verantwortlichen und Schuldigen, eindeutig zu benennen. Später kann die Frage bedeutsam werden, ob die Mutter auch Schuld trägt. Es geht also darum, reale Schuld zu benennen und anzuerkennen (Lammers-Winkelmann 1989).

Dolto betont die Notwendigkeit, dem Kind während der Vermittlung des Inzesttabus innerhalb der ödipalen Phase die Sicherheit zu vermitteln, daß dieses Tabu allen Menschen gleich gilt, auch den Eltern. Nur durch das Akzeptieren dieses Tabus durch die Eltern kann das Kind eine eindeutige Orientierung entwickeln (Dolto 1989, S. 427 f.). Dann wird es erkennen können, wer das Inzestverbot verletzt. Martha hat diese Orientierung nicht erhalten, sie wurde verstrickt in unklare Generationsgrenzen. Schuld kann von ihr daher nicht eindeutig zugeordnet werden. Deshalb übernehme ich diese Aufgabe und entlaste sie gleichzeitig.

Im Gegensatz zum Terminus »Schuldgefühle« ist der Schuldbegriff innerhalb der Psychotherapie weitgehend ein fremder Begriff (Heimansberg 1988). Es geht nicht um Zuschreibung von Schuld, und dennoch kommen wir manchmal nicht umhin, sie anzuerkennen, sie zu benennen und sie zuzuordnen. Vor allem, wenn therapeutische Arbeit, wie bei sexuellem Mißbrauch, sich auf zutiefst verletzende, die Integrität des Menschen mißachtende Handlungen bezieht. Hier wirkt es absurd, lediglich von Schuldgefühlen zu sprechen. Das »Schuldgefühl« als psychoanalytischer

Schuld und Selbsthaß

Begriff meint den Versuch des »Ichs«, sich vor den Angriffen eines »Über-Ichs« gegenüber Triebimpulsen zu schützen. Der Mensch fühlt sich schuldig, weil er den Anforderungen eines Gewissens nicht standhalten konnte. Seine verinnerlichten Normen, nach denen er sein Verhalten auszurichten versucht, sind zu hoch, als daß es ihm gelingen könnte ... (Greenson 1986). Bei Gewalthandlungen treten Schuldgefühle dieser Art primär im Erleben des Täters auf, erst infolge seiner Abwehr entsteht das Paradoxon, daß wir sie im Erleben der Opfer wiederfinden. Sie fühlen sich schuldig, während Täter den Zugang zu ihren Schuldgefühlen, zu ihrer realen Schuld oft zutiefst verdrängt haben. Und doch wußten Kinder oft ganz tief in ihrem Innern während der Zeit des Mißbrauchs, die sie scheinbar widerstandslos aus großer Angst und Verwirrung heraus überstehen mußten, daß es Unrecht ist, was da geschieht. Zumindest, wenn sie zum Zeitpunkt des Mißbrauchs älter als vier Jahre waren. Bis zu diesem Alter sind wesentliche Bereiche der Über-Ich-Bildung abgeschlossen. Das Kind hat über die Erlaubnisse und Verbote seiner Eltern allgemein geltende Normen und Werte verinnerlichen können. Das Benennen des Unrechts durch die Therapeutin und dessen Zuordnung zum Täter stellt also nicht nur eine Entlastung dar, sondern ermöglicht dem Mädchen auch die Rückgewinnung eines Stücks Selbstsicherheit. Es erfährt, daß das, was es fühlt, richtig und in Ordnung ist. »Ich kann mir meiner selbst sicher sein, kann meinen Gedanken und Gefühlen trauen.« Zutrauen kann wachsen, sich der Welt erneut mit den Sinnen zuzuwenden. Gleichzeitig löst sich Verwirrung auf. Erlebt es doch, daß sein Wissen um das Unrecht, was ihm geschehen ist, vom Vater verursacht und von den Eltern weder gesehen noch abgestellt worden war, nun akzeptiert wird. Aber bis zur endgültigen Überwindung der Schuldgefühle ist es ein weiter Weg. Die Bereitschaft des Mädchens, die Schuld und Verantwortung für das, was ihm angetan wurde, auf sich zu nehmen, ist Ausdruck dafür. »Ich bin schuld, an mir ist was komisch, falsch, sonst hätte Papa das nicht mit mir gemacht.« Wie soll es auch verstehen, daß der geliebte, mit Sehnsucht erwartete Vater, der gerade im Alter von vier Jahren für seine Identitätsentwicklung so wichtig ist, sein Interesse nicht ihm als Person, sondern seinem kindlichen, mädchenhaften Körper entgegenbringt.

»Mein Daddy spielt mit meinem Bauchnabel, mein Daddy spielt mit meinen Zehen, wie früher, als ich noch ganz klein war: »Das ist der große Onkel, das ist der kleine Onkel ... Jetzt liege ich bei meinem Daddy auf dem Bett, das Gesicht in sein Federkissen vergraben. Ich zittere ...« (Fraser 1988, S. 17).

An dem Verhältnis zwischen Vätern und Töchtern hat sich trotz einiger Aufklärung noch nicht viel geändert. Kleine Mädchen erleben entweder den abwesenden Vater und damit die nicht erfüllbare Sehnsucht nach ihm, den nicht befriedigten Wunsch, er möge ihren kleinen Mädchenkörper als gut und liebenswert und achtenswert anerkennen, sie erleben die »weiße Wüste«, wie Olivier es nennt (Olivier 1989, S. 91).[3] Oder sie erleben das »Aus« einer energiespendenden, weiblichen Sexualität, noch ehe sie richtig entwickelt war, den Mißbrauch. In diesen Situationen rettet das kleine Mädchen sein ideales Vaterbild zumindest innerlich, indem es die Schuld für die Situation auf sich nimmt. Es ist in seinen Augen entweder nicht interessant, nicht schön genug, denn sonst würde der Vater sich ihm zuwenden. Oder es ist komisch, verkehrt, böse, schlecht, denn sonst würde der Vater nicht diese Sachen mit ihm machen. In beiden Situationen geht es aber um das Selbstwertgefühl als Mädchen und später als Frau und um die weibliche Identität, die sich nicht ausreichend oder nur geschädigt entwickeln kann. Und es geht um die Schuld für den Mißbrauch, die es sich selbst zuschreibt, während das Vaterbild unangetastet bleiben kann. In seinem Selbsterleben wird es so, wie es den Vater erlebt: böse, schlecht, eklig. Es mißachtet sich, so wie der Vater es mißachtet. Es geht über seinen eigenen Körper, über Schmerzen, Bedürfnisse hinweg, so wie der Vater es mit ihm tat. Es macht all das, um nicht spüren zu müssen, was ihm angetan wurde.

So werden auch Symptome verständlich, die Hirsch als Folge des Mißbrauchs im späteren Erwachsenenalter beschreibt: Depression, fehlendes Selbstwertgefühl, Suizidalität, alle Formen der Selbstverstümmelung und des psychogenen Schmerzes (Hirsch 1987, S. 166 ff.). Hier wirkt vor allem auch der immense Haß, der aus Angst nicht auf den Vater, sondern gegen sich selbst gerichtet wird. Das Mädchen schiebt sich nicht nur die Schuld und Verantwortung zu, sondern es haßt sich auch noch für das, was ihm geschehen ist. So verfügt es nicht nur über ein geringes Selbstwertgefühl, sondern ordnet sich einen negativen und defizitären Selbstwert zu. Das Sich-zufügen von Schmerz, das Fühlen von Schmerz bedeutet dann: Wenn etwas fehlt, dann macht es nichts, wenn etwas schlecht ist, dann macht es auch nichts.

Und auch: Böses und Schlechtes muß bestraft werden. Hirsch berichtet von einer Untersuchung (Sachsse 1985), in der zwei Drittel der untersuchten, adoleszenten Mädchen mit Selbstverstümmelungsverhalten Opfer von sexuellem Mißbrauch waren (Hirsch 1987, S. 167).

Mädchen übernehmen die Schuld des Vaters aus Angst um die Beziehung zum Vater und aus Angst um die Existenz ihres eigenen Selbst. Ferenczi schreibt im Zusammenhang mit sexuellem Mißbrauch: »... dieselbe Angst, wenn sie aber den Höhepunkt erreicht, zwingt sie (die Kinder) automatisch, sich dem Willen der Angreifer unterzuordnen, jede seiner Wunschregungen zu erraten und zu befolgen, sich selbst ganz vergessend, sich mit dem Angreifer vollauf zu identifizieren« (zit. in Hirsch 1987, S. 324). Und weiter unten schreibt er: »Doch die bedeutsame Wandlung, die ängstliche Identifizierung mit dem erwachsenen Partner im Seelenleben des Kindes hervorruft, ist die Introjektion des Schuldgefühls des Erwachsenen.«

Hier erkennt Ferenczi die Schuldgefühle als gefühlsmäßige Reaktion des Täters in bezug auf seine Handlungen an. Und weiter: »Erholt sich das Kind nach solchen Attacken, so fühlt es sich ungeheuer konfus, eigentlich schon gespalten, schuldlos und schuldig zugleich, ja mit gebrochenem Vertrauen zur Aussage seiner eigenen Sinne.« Hier beschreibt Ferenczi leicht nachvollziehbar den Versuch des Mädchens, sein Selbst über die Anwendung des Abwehrmechanismus »Identifikation bzw. Introjektion« zu retten. Gleichzeitig liefert er eine Erklärung dafür, daß Mädchen oft jahrelang, manchmal über die Pubertät hinaus, den Mißbrauch an sich geschehen lassen müssen. Er gibt Antwort auf die Frage, warum es sich nicht wehren oder weglaufen konnte, zumindest als es älter war. Es wird verstehbar, warum Frauen oft ihr Leben lang sich einer Sexualität aussetzen, in der sie die Rolle des Objektes einnehmen. Der Versuch des Kindes, sich über die Identifikation mit dem Täter selbst zum Schuldigen zu machen, findet seine Entsprechung in der Verschiebung der Verantwortung innerhalb des Familiensystems. Hirsch weist darauf hin, daß in typischen Inzestfamilien oft eine Rollenumkehr zwischen Mutter und Tochter zu beobachten ist. Er verweist dabei auf Kaufmann. Es lassen sich beim nicht mißhandelnden Elternteil, also bei der Mutter, »Gefühle unbeachteter Sehnsüchte nach Fürsorge, Gefühle der Minderwertigkeit und Hoffnungslosigkeit finden« (Hirsch 1987, S. 129).

Eltern leben häufig in der tiefen Überzeugung, daß das Kind die eigenen Bedürfnisse befriedigen solle. So komme es innerhalb der Ehe, ohne daß es den Partnern bewußt wird, fast zu einer Art Geheimabsprache, die Kinder auf eine bestimmte Weise zu erziehen. Dabei spiele ein Elternteil die Rolle des Täters, der andere stehe als Mitverschwörer hinter den Kulissen, während das Kind quasi zum Sündenbock für Konflikte zwischen beiden Partnern gemacht werde (Hirsch 1987, S. 210). Die Enttäuschung der eigenen Bedürfnisse durch den Partner führe also dazu, daß Eltern, Befriedigung suchend, sich den Kindern zuwenden. Hirsch führt im weiteren Untersuchungen an, die nachweisen, daß sexuell mißbrauchte Mädchen bereits während der ersten vier Lebensjahre unterversorgt waren und versucht haben, durch die frühe Übernahme der Mutterrolle diesen Mangel wettzumachen, darüber aber zu einer Pseudoreife heranwachsen mußten, ohne über entwickelte Ich-Funktionen und Identität zu verfügen (Hirsch 1987, S. 130).

Martha hatte schon früh die oft kranke und überforderte Mutter ersetzen müssen, und sie hatte früh begonnen, sich um die kleineren Geschwister zu kümmern. So hatte sie außerordentliche Geschicklichkeit im Umgang mit ihrem ein Jahr alten Bruder Benny entwickelt. Während einer gemeinsamen Stunde mit der Mutter, zu der diese ihren kleinen Sohn mitbringen mußte, demonstiert Martha mir dies. Nach kurzer Zeit beginnt Benny, unruhig zu werden und die Sitzung zu stören. Auf die hilflos wirkenden Beruhigungsversuche der Mutter reagiert er eher ungnädig, woraufhin Martha aufsteht und zur Mutter sagt: »Geh mal weg, ich mach das schon.« Die Mutter läßt sich zur Seite schieben, Martha nimmt den schweren Benny wie selbstverständlich hoch, legt ihn sich in die Arme, wiegt ihn, spricht ihn an, Benny lacht und ist zufrieden. Martha schaut mich und die Mutter triumphierend an, und sie drückt Stolz und Vorwurf zugleich aus. Martha zeigt mir ihre Quasi-Identität und ihre Überforderung; Benny war viel zu schwer für sie. Die Generationslinien hatten sich verschoben. Ich spreche die Situation an. Während Martha neugierig verfolgt, was ich sage, beginnt die Mutter, sich zu rechtfertigen: Sie sei so oft überlastet, und Martha habe eine natürliche Begabung, sie mache es gern. Ich konfrontiere die Mutter mit der Realiät, rücke Generationslinien zurecht, indem ich sage, daß es ihre Aufgabe sei, den Jungen zu beruhigen, Marthas Aufgabe sei es stattdessen, sich gleichaltrigen Kindern zuzuwenden. Gleichzeitig ermutige ich die Mutter dazu, mit ihrem Therapeuten über Entlastungsmöglichkeiten für sie nachzudenken. Martha steht auf, nimmt den Benny und legt ihn der Mutter auf den Schoß: »Da, hier hast du ihn.« Dann wendet sie sich an mich: »Womit kann ich spielen?«

Martha hatte sehr früh lernen müssen, die nicht erfüllten Funktionen der Mutter auszugleichen. So wird erklärlich, wieso der Vater Martha meistens dann mißbrauchte, wenn die Mutter für ihn abwesend war. Der Vater hatte offensichtlich keinen anderen Ausweg für die Befriedigung seiner Bedürfnisse gesehen, als sie von seiner Tochter einzufordern.

Über die Psychodynamik der mißbrauchenden Väter wurde bisher wenig geschrieben. Hirsch meint, daß es sich in der Regel um Männer in der Lebensmitte handelt, die aufgrund eigener frühkindlicher Defizite – sie hatten häufig eine lieblose Mutter und einen gewalttätigen bzw. abwesenden Vater ertragen müssen – keine erwachsene Männer-Identität aufbauen konnten. So sei es ihnen nicht möglich, eine befriedigende, erwachsene Partnerschaft mit einer Frau zu leben. Die sexuelle Hinwendung zur Tochter biete einen Ausweg; in der Tochter könne sich der Vater als jugendlicher Liebhaber sehen. Gleichzeitig sei er nicht in der Lage, die reale kindliche Gestalt der Tochter und sein Elternverhältnis zu ihr zu realisieren. In seiner Wahrnehmung sei die Tochter die kindliche Frau, die es zu erobern gelte. Diese narzißtische Störung des Vaters ist nach Hirsch aber nicht allein ausreichend, um das Verhalten des Vaters zu erklären. So seien in vielen Fällen ein immenser Haß und eine Zerstörungswut des Vaters festgestellt worden. Hirsch erklärt dieses Verhalten mit der Wut und dem Haß des Vaters auf seine versagende Mutter. In der Übertragung mache er seine Tochter zur Mutter und lasse an ihr all seinen aufgestauten Haß aus (Hirsch 1987, S. 104 ff.). Dennoch ließe sich ja die Frage stellen, wieso der Vater seine inneren Konflikte nicht kontrollieren kann und was dazu führte, daß er eine »mangelnde Triebkontrolle« entwickelt hat. Hier wirken nach meinem Verständnis lange überlieferte gesellschaftliche Normen, die es Männern immer noch leicht machen, sexuelle Übergriffe gegen Frauen als Kleinigkeit, Mutprobe oder Beweis ihrer Männlichkeit abzutun. In einer solchen Gesellschaft ist die Schwelle zum sexuellen Mißbrauch leicht zu überspringen. Ein Alltagsklima, in dem kleine, scheinbar unbedeutsame sexuelle Übergriffe als Normalität begriffen werden, macht es Frauen und Mädchen schwer, diese als solche zu fühlen, ernst zu nehmen und zu verweigern. Gleichzeitig scheint es auch für Hirsch erklärlich, wenn die Verantwortung für die Misere der versagenden Mutter zugeordnet und die Frage nach der Verantwortung des gewalttätigen Vaters dabei außer acht gelassen wird. Möller-Gambaroff schreibt:»Meiner Meinung nach ist es die urtümlichste Ebene im Erleben von Männern und Frauen, daß sich die Frage nach dem Vater nicht stellt« (Möller-Gambaroff 1985, S. 370). Es ist Zeit, daß wir auch innerhalb psychotherapeutischer Diskussionen endlich beginnen, mit der alten Spaltung aufzuhören: Die Mutter ist für das seelische Wachstum zuständig, der Vater dagegen für die ökonomische Sicherheit der Familie. Die Abwesenheit von Vätern, durch gesellschaftliche Arbeitsteilung geschichtlich entwickelt, ist kein natürlicher Fakt, sondern veränderbar.

Inzest ist ein Geschehen innerhalb des Systems »Familie«. Obwohl familiäre Strukturen gesellschaftlich vermittelt sind, wird er zunächst außerhalb der Familie nicht sichtbar, es sei denn, jemand kann die »Sprache« des mißbrauchten Mädchens verstehen. Auch dies scheint ein typisches Merkmal von Inzestfamilien zu sein: Ihre Abgeschlossenheit nach außen und die Überfrachtung mit individuellen Glückserwartungen, die kein Familiensystem befriedigen kann (Beck 1986). So muß es zu Übergriffen und Überforderungen kommen. Es gilt das Tabu, die Befriedigung der eigenen Bedürfnisse außerhalb der Familie zu suchen. Und es gilt das Verbot, Personen außerhalb der Familie Anteil an dem familialen Geschehen nehmen zu lassen. Die Familie wird zu einer Trutzburg gegenüber der Außenwelt erklärt. In einer solchen Familie wird das inzestuöse Agieren leicht. Das familiale Handeln muß als Heil erlebt werden gegenüber einer als nicht in Ordnung empfundenen Welt.

Spaltung – »Das darf nicht wahr sein«

»Meine Arme kleben an mir, meine Beine baumeln herunter wie Würmer, als mein Daddy mich auf sein Bett drückt. Ich liebe meinen Daddy, ich hasse meinen Daddy ... ich habe Angst ..., Schmutz, Schuld, Angst ... Eines Tages kann ich es nicht mehr aushalten.«

Ich schaffte »... für meinen Daddy eine heimliche Komplizin, indem ich meine Persönlichkeit zweiteilte ... Gleichzeitig verlor ich dadurch die Erinnerung an Vergangenes. Ich wußte nicht mehr, daß Daddy mich sexuell berührt hatte ... Von nun an verwandelte ich mich jedesmal in mein anderes Ich, wenn mein Daddy sich mir sexuell näherte ...« (Fraser 1988, S. 23/24).

Innerhalb der Theorien über die Entwicklung von Abwehrmechanismen zählt die »Spaltung« zu den frühen, unreifen Formen. Abwehrmechanismen sind lebensnotwendig. Als innerpsychische, unbewußte Vorgänge dienen sie dazu, unlustvolle Gefühle, Affekte, Wahrnehmungen etc. vom Bewußtsein fernzuhalten bzw. in Schach zu halten (Mentzos 1984, S. 60). Spaltungen verhindern, daß unvereinbare Dinge zusammentreffen. Sie bleiben zeitweilig oder abwechselnd bewußt, müssen zeitweilig oder abwechselnd

Ein sexuell mißbrauchtes Mädchen stellt seine Familiensituation mit Hilfe des Zsenokastens dar: »Papa, die kleine Prinzessin auf dem Schoß, Mama kuschelt mit Hund und Baby auf einem Fell, die Wohnung als leeres Quadrat, das Klo als Ort des Mißbrauches, der Bruder allein, der Schrank mit dem Hausarbeitsgeschirr«

geleugnet werden. Im Rahmen der frühkindlichen Entwicklung bezeichnen wir die Fähigkeit zur Spaltung als einen Lernschritt innerhalb der Internalisierungsprozesse, die das Kind normalerweise im Alter von ein bis zwei Jahren vollzieht. Internalisierung meint die sich zunehmend differenzierende Fähigkeit des Kindes, Erfahrungen mit den Personen und Gegenständen der Außenwelt als innere Bilder aufzunehmen. Sie ist eine wesentliche Voraussetzung für die Bildung einer eigenen inneren psychischen Instanz, dem Selbst. Das Kind beginnt zu begreifen, daß die Mutter ein von ihm unabhängiges Wesen ist, welches zunehmend nicht mehr nur als gut, d.h. befriedigend, sondern auch als böse, d.h. entsagend, erlebt wird. Beide Teile fallen so lange gelegentlich im Erleben des Kindes auseinander, bis es gelernt hat, sie zu einem realen Selbstobjekt zu verbinden und zu internalisieren. Bis dahin wird die Mutter entweder als nur lieb oder als nur böse erlebt. Die sich langsam entwickelnde Fähigkeit zur Integration beider Anteile ist ein wesentlicher Schritt zur Entwicklung eines kohärenten Selbst, in dem das

Kind sich und die Objekte seiner Umwelt in seiner Vielfalt, getrennt und zugehörig zugleich erleben und Beziehungen entsprechend gestalten kann.

Internalisierungsprozesse sind also Entwicklungsschritte, die fortan als Abwehrmechanismus dazu dienen, das Selbst vor bedrohlichen Situationen zu schützen. Wenn Mentzos »Spaltung« als unreife Abwehr benennt, meint er damit, daß ihre Entstehung in einer Entwicklungszeit lag, in der die Entwicklung zu einem kohärenten Selbst noch nicht abgeschlossen war. Reagiert ein Mensch also mit »Spaltung«, um eine bedrohliche Situation von sich abzuwenden, bedeutet dies diagnostisch, daß zur Abwendung der Selbstgefährdung auf Mechanismen aus einer frühen Entwicklungsphase zurückgegriffen werden muß. Ojekte der Umwelt müssen gespalten werden, weil das Selbst sich in seiner Existenz gefährdet sieht. Wir erfahren also etwas über die Stabilität und die Reife des Selbst und können einerseits nach Schädigungen während der frühen Entwicklungsphasen forschen und andererseits therapeutische Beziehungsqualitäten zur Verfügung stellen, die an diese Entwicklungszeit anknüpfen.

Martha war vier Jahre alt, als der Vater sich ihr sexuell näherte. Anzunehmen ist, daß bereits vor diesem Alter Atmosphären des sexuellen Begehrens in der Luft lagen. Auch diese wird Martha internalisiert und in ihr Körpergedächtnis gespeichert haben. Außerdem hatte sie bereits Defizite an mütterlicher Liebe und Sorge verkraften müssen. Der Vater war als andersgeschlechtlicher Elternteil oft abwesend gewesen und hatte Martha wenig Wertschätzung und Zuneigung als Mädchen entgegenbringen können. Mit vier Jahren begann sie, das Geschehen um sich herum differenzierter wahrzunehmen und in Form von Szenen, Bildern und schließlich auch in Sprache in ihrem Gedächtnis zu speichern. Im vorherigen Abschnitt ging ich darauf ein, wie Martha über den Abwehrmechanismus der »Identifikation mit dem Aggressor« versucht hatte, mit der sexuellen Bedrohung fertig zu werden. Gleichzeitig schien diese Form aber nicht auszureichen, um das eigene beschädigte Selbst hinlänglich zu schützen. Martha begann, ihre Erlebnisinhalte, die ihr unvereinbar erschienen, aufzuspalten.

Der idealisierte Papa mit der Tochter, die sich gleichzeitig mit einem Dach aus Haaren vor ihm schützen muß

Martha erlebte zwei Väter: Da war ihr starker Wunsch nach einem idealen Vater, der sie als eine Tochter lieben und alle ihre kindlichen Wünsche erfüllen sollte. Und dieser Vater war ja auch bereit, gelegentlich mit ihr zu spielen, mit ihr spazierenzugehen, ihr etwas zu kaufen. Und dann war da die oft schleichende Umwandlung dieser heiß ersehnten Glücksmomente mit dem Vater, in denen sich seine Zuneigung in sexuelles Begehren, Benutzen, in Mißbrauch veränderte. Diese zwei Gesichter des Vaters erschienen ihr unvereinbar. Sie war noch nicht in der Lage, in Frage zu stellen, was der Vater da mit ihr tat. Wäre es ihr gelungen, hätte sie darüber gleichzeitig ihr ideales Vaterbild angreifen müssen. Der damit verbundene Schmerz aber wäre zu groß gewesen. So half sie sich, indem sie innerlich zwei Vaterbilder schuf, den lieben und den verletzenden Vater, die beide nichts voneinander wußten. Gleichzeitig entstanden in ihrem Erleben unvereinbar erscheinende Selbstbilder; das kleine liebesbedürftige Mädchen, das sich in der Phantasie gute Eltern machte, die es lieben konnte, und die Kind-Frau, verletzt, überfordert, mißbraucht und der Welt gegenüber mißtrauisch und voller Wut und Haß.

Um uns innerhalb der Therapie dem verletzenden Vater zuwenden zu können, ist es wichtig, nach ausreichend guten Szenen mit ihm zu suchen. Erst auf dem Boden des Erlebens, daß da auch was war, was gut und nährend war, ist die wirkliche Hinwendung zu dem alten Schmerz möglich.

So erzählt Martha immer wieder von dem Vater, der mit ihr spielte, mit dem sie durch die Straßen ging, der ihre kleinen Wünsche erfüllte. Auch dieser Vater hatte existiert, einer, der seine kleine Tochter auf seine Weise liebte, soweit er dazu fähig war. Mir scheint auch, daß in solchen Momenten die Tatsache des Mißbrauchs nicht vorhanden war. Und ich spüre, wie sich mein Herz öffnet für Martha, die diese kleinen Kostbarkeiten hütet. Und so ist es mir möglich, mich mit Martha über diese guten Bilder in ihrem Gedächtnis zu freuen, die wir während der Therapie mit Leben füllen. Ich kann sie ermutigen, diese Bilder als einen Schatz ganz tief in ihr Herz zu tun.

In einer solchen Stunde beginne ich schließlich, vorsichtig auf den mißbrauchenden Vater hinzuweisen. Martha ist wütend. Sie will nicht hören, ich bin in diesen Momenten die »doofe Garbe«. Martha spaltet auch mich in ihrem Erleben. Allein das Benennen des mißbrauchenden Vaters erscheint ihr so bedrohlich, daß sie zeitweise die gute Mutter in mir nicht erleben kann. Ich sage: »Ich weiß, daß du am liebsten gar nichts mehr mit diesem Papa, der dir so weh getan hat, zu tun haben willst, so daß du ganz wütend wirst, wenn ich dich an ihn erinnere. Am schönsten wäre es, wenn du glauben könntest, daß der Papa immer nur lieb war.« »Ja, du doofe Garbe.« Martha schaut dabei noch etwas wütend und gleichzeitig spüre ich, daß sie sich verstanden fühlt. So gelingt es schließlich zum Schluß der Stunde, das gute Band zwischen uns wiederherzustellen. Gleichzeitig macht Martha die Erfahrung, daß ihre Wut mich nicht zerstört oder verschwinden läßt. Und sie erlebt, wie ich als konstante Person gute und verletzende Vateranteile zueinander in Beziehung bringe, ohne daß die gute Welt zwischen und um uns herum zerbricht.

Schließlich will Martha ihrem Vater einen Brief schreiben. Noch einmal will sie zu ihm Kontakt herstellen, nicht direkt, aber über ein Intermediärobjekt. Sie will Antwort auf die Frage: »Warum hast du das mit mir gemacht?« Der Papa wird wissen warum, der Papa wird es schon erklären, der idealisierte, gute Papa wird auch für das Schreckliche, für das es noch keine Worte gibt, eine Erklärung haben. Und alles wird gut werden. Immer wieder hatte ich gesagt: »Du bist nicht schuld, du kannst nichts dafür, daß dir dies geschehen ist. Der Vater trägt die Schuld. Und er trägt die Verantwortung.« So schreibt Martha: »Lieber Papa, ich frage immer wieder, warum hast du diese Sache mit mir gemacht?« Weil Martha nicht will, daß der Vater den Ort ihrer Therapie kennt, verabreden wir einen komplizierten Postweg über einen Sozialarbeiter, der Sorge dafür trägt, daß der Vater den Brief erhält.

In mir spüre ich den Schmerz, den Martha noch nicht ausdrücken kann, ihren verzweifelten Versuch, Ordnung in ihre Gefühlswirrungen zu bekommen. Und ich denke, daß Martha beginnt, den guten mit dem verletzenden Vater in Kontakt zu bringen. Der gute Vater wird eine Erklärung wissen, für das, was der böse Vater ihr antat. Spaltung beginnt sich aufzulösen.

Lammers-Winkelmann bezeichnet Spaltungsvorgänge auch als Dissozialisationsverhalten (Lammers-Winkelmann 1989). Um die Erfahrung mit dem gewalttätigen, den Körper des Mädchens als Objekt mißbrauchenden Vater und die damit ausgelösten Gefühle und Ängste aushalten zu können, muß das kleine Mädchen quasi aus der realen Situation aussteigen und mit seinem Erleben in eine andere Welt gehen. Die Schutzmaßnahme läßt das Mißbrauchsgeschehen wie unwirklich erscheinen und kann schließlich zunehmend der scheinbaren Bewältigung anderer schwieriger Situationen dienen. Kinder wirken dann, als seien sie nicht richtig »in der Welt«, sie wirken abwesend, verträumt. Mit ihren Gefühlen steigen sie quasi aus dem Körper als einem Ort des Schmerzes aus.

Martha zeigt mir zunehmend ihre gespaltene innere Erlebenswelt. Die scheinbar erwachsene Martha wirft mit sexuellem Vokabular um sich, zeigt mir, daß sie sich in der Welt der Erwachsenen auskennt und versucht, ihre Mutter-Kind-Ebene mit einer scheinbar gleichberechtigten Freundinnenebene zu vertauschen. Dicht daneben steht die kleine, bedürftige Martha, die sich immer wieder mal jünger machen muß als sie ist, um alte Löcher stopfen zu lassen. Ich erkenne das verletzte, bedürftige Kind an, wende mich ihm immer wieder mit meinen mütterlichen Übertragungsgefühlen zu und freue mich über jeden Entwicklungsschritt. Je deutlicher mir Martha Zugang in ihre inner Welt erlaubt, desto extremer abweichend davon wirken die »not-frühreifen« Selbstanteile Marthas, die sie mir immer wieder mal zeigen muß. Es scheint so, als brauche sie von mir etwas Neues und Gutes und eine Erlaubnis, um von diesen, sie überfordernden Teilen loslassen zu dürfen. Marthas Gesicht und ihre Körperhaltung beginnen sich zu entspannen.

Durch Spaltungen wird die Angst vor Verwirrungen abgewehrt. Die Bedrohung, sich in der Welt nicht mehr zurechtzufinden, wird wiederbelebt, wenn Spaltungen sich aufzulösen beginnen. Es wird zunehmend unmöglich, einen Menschen nur noch als schlecht, böse, entsagend zu erleben, weil gleichzeitig Erinnerungen an gute, nährende Szenen in das Bewußtsein treten. Bisher gab es nur gut oder schlecht, heiß oder kalt, schwarz oder weiß, und nun werden Zwischenqualitäten wahrnehmbar. Die Welt kann wieder vielfarbig erlebt werden. Dies ist zuerst oft verwirrend und ängstigend, weil fremd. Erst durch die Integration beider Extreme als jeweilige Endpunkte auf dem Kontinuum einer Erlebnisskala gelingt es, den ganzen Reichtum des Erlebens anzuerkennen, zunehmend zu genießen und schließlich den Zustand der Verwirrung aufzulösen. Gleichzeitig verschwinden Dissoziationsgefühle. Es wird möglich, sich der realen Welt, so, wie sie nun einmal ist, mit angenehmen und unangenehmen Teilen zuzuwenden und sie entsprechend den eigenen Bedürfnissen zu gestalten.

Marthas Verwirrungen finden ihren Ausdruck, indem sie sich zeitweise in ihrer Umwelt nicht mehr richtig auszukennen scheint. Plötzlich kann sie den Weg von der mütterlichen Wohnung zur Beratungsstelle nicht mehr allein zurücklegen. Sie weiß nicht mehr, an welcher Haltestelle sie aussteigen und in welche Straße sie einbiegen muß. Sie vergißt die Telefonnummern der Mutter und der Beratungsstelle. Sie verläuft sich. Es scheint zeitweise nur noch das sichere Zuhause, die Beratungsstelle und die verwirrende, fremde Außenwelt zu geben. Ich arbeite stützend und gebe Martha Orientierung. Sie trägt einen Zettel mit Adresse und Telefonnummer und Groschen mit sich. Ich hole sie zeitweise vom Bus ab und bringe sie wieder hin.

Langsam gewinnt Martha ihre alte Sicherheit zurück und beginnt sogar, ihren Radius auszuweiten. Sie traut sich, neue Freundinnen in deren Wohnung zu besuchen und lernt die Bücherhalle kennen und nutzen.

Treten Spaltungs- bzw. Dissoziationsvorgänge auf, ist es immer angezeigt, in diesem Zusammenhang nach Ängsten von umfassender Qualität zu suchen und vor allem stützend und Orientierung gebend zu arbeiten. Oft spüren wir die Angst vor existentieller Bedrohung in der Gegenübertragung. Kinder können sie noch nicht benennen. Sie sind darauf angewiesen, daß wir spüren, wie es ihnen geht. Sie sind darauf angewiesen, daß wir ihre Ausdrucksformen erkennen. Dabei benutzen sie oft den ganzen Körper. Sie können sich stark in sich zurückziehen und wirken dann auf uns fast unerreichbar, versunken in eine scheinbar eigene Welt, zu der es schwer ist, Zugang zu finden. Hier hilft alles, was kontaktfördernd ist. Erscheint direkter Körperkontakt als zu bedrohlich, greifen wir auf den Ersatz von Intermediärobjekten zurück.

In einer Phase extremer Ängstlichkeit und Zurückgezogenheit, in der es Martha auch schwerfällt, den Kontakt zu mir zu halten, benutzen wir Tafel und Kreide. Wir »sprechen« über das Schreiben an der Tafel miteinander, bis das Eis zu schmelzen beginnt.

Kinder drücken ihre das Selbst bedrohenden Ängste auch durch übermäßiges Agieren aus. Sie sind dann extrem unruhig, gespannt und können dabei keinen Kontakt aufnehmen. Die Angst liegt in der Luft, kriecht als Spannungen in unseren Körper.

Während Martha hin und her wuselt, sich auf kein Spiel einlassen kann, mit sich selbst spricht und schimpft, scheint sie mich ganz vergessen zu haben. Körperkontakt weicht sie ängstlich aus. Nachdem ich ihrem Treiben eine zeitlang ratlos zusah, beginne ich zu singen. Es ist zuerst der Versuch, die Spannungen, die mir unerträglich sind, loszuwerden. Ich möchte etwas dagegensetzen, mich nicht so von dieser schädigenden Energie vereinnahmen lassen. Mir fallen Kinderlieder aus meiner Kindheit ein. Meine Mutter sang sie mir, wenn der Tag zu Ende ging. Nachdem ich einige aus unserem großen Liederbuch gesungen hatte, dabei immer mal wieder sagte:»Oh, Martha, hör mal, das Lied ist ja auch da drin, das ist aber schön«, wird Martha langsam aufmerksam, schaut mal rein, geht wieder weg, kommt wieder, bis sie sich schließlich neben mich setzt und sagt:»Sing das noch mal.« Sie schaut mich an. Nachdem sie sich anlehnt, lege ich den Arm um sie. Sie knüpft wieder an unsere Beziehung an, eine entspannte, ruhige Atmosphäre hat begonnen sich auszubreiten; ich bin erleichtert.

Tatsächlich können Psychosen ausgelöst werden, wenn das geschädigte Selbst durch zusätzliche Belastung so stark bedroht wird, daß Spaltungsmechanismen als Schutz nicht mehr ausreichen. Psychotische Zustände sind die Folge des Versuchs, das Selbst durch Fragmentierung zu retten. Alle aufdeckenden und konfrontierenden therapeutischen Methoden wirken immer auch selbstbelastend und sind deshalb nur dann hilfreich, wenn das Selbst über ausreichende Stabilität verfügt und genügend Ressourcen vorhanden sind.

Das mißbrauchte Kind lebt in einer permanenten »double-bind-Situation« (Watzlawik 1969). In einer lustfeindlichen Familie muß es den Inzest des Vaters ertragen bei gleichzeitigem Verbot von allen kindlich-sexuellen Handlungen. Es erlebt seinen sich zumindest anfangs widersetzenden Körper als Subjekt und in seinem Gebrauch durch den Vater als Objekt. Es wird

Spaltung: sexuell mißbrauchtes Mädchen stellt sich als Haus dar, welches gleichzeitig weint und lacht

in die Rolle der quasi erwachsenen Geschlechtspartnerin gedrängt und ist doch das bedürftige Kind. Es erfüllt Funktionen seiner Mutter und ist doch auch ihr bedürftiges Kind. Es erlebt den sich wiederholenden Mißbrauch und muß das familiale Gebot »Du sollst nichts merken« befolgen. In einer solchen Situation kann das Mädchen nicht anders, als das wahre Geschehen mit allen Gefühlen, die es auslöst, so tief wie möglich zu verdrängen bzw. abzuspalten. So wird verständlich, wieso Frauen oft erst nach Jahren psychotherapeutischer Behandlung das Mißbrauchsgeschehen in der frühen Kindheit erinnern. Hirsch spricht von einer jedem Mißbrauchsgeschehen immanenten, verrrücktmachenden Dynamik innerhalb der Familien: »Das Kind ist schlecht, weil es sexuelle Regungen verspürt, der Erwachsene, der sie ihm verbietet, darf aber aggressiv an eben diesem Kind seine eigenen sexuellen Bedürfnisse befriedigen, darüber hinaus darf das Kind mit niemandem darüber kommunizieren.« Für ihn lautet die väterliche Botschaft: »Ich liebe dich, aber ich beute dich sexuell aus, und wehe, du sprichst darüber« (Hirsch 1987, S. 175).

Tatsächlich scheinen bisher kaum Untersuchungen gemacht worden zu sein, die die Vermutung belegen könnten, daß der Ausbruch von Psychosen bei Frauen ursächlich auch mit sexuellen Mißbrauchserfahrungen in früher Kindheit verbunden sind. Die Vermutung wird jedoch gestärkt, wenn man bedenkt, wieviele Frauen in ihrem psychotischen Wahn sexuelle Inhalte benutzen. Belegt scheint die Tatsache, daß in vielen Familien mit psychotischen Angehörigen inzestuöses Agieren oder inzestuöse Atmosphären gefunden wurden (Hirsch 1987, S. 173 ff.).

Wut – »Die ganze Kacke muß raus!«

Während der ersten Phasen der Therapie wirkt Martha angestrengt. Mit aufmerksamen Augen versuchte sie, meine Wünsche zu erspüren, mir gefällig zu sein. Wo ist die wirkliche Martha? Ich denke, daß sie große Angst vor der Erfahrung hat, »Nein« zu sagen, sich zu zeigen in ihren Bedürfnissen, in ihrer Art zu sein. Ihr fehlt die ausreichende Erfahrung, angenommen und geliebt zu werden bei gleichzeitiger Abgrenzung vom Erwachsenen. Die Verweigerung gegenüber den inzestuösen Wünschen des Vaters war lebensbedrohlich gewesen. Hatte er ihr doch mit dem Tode gedroht.

Wo ist ihre Wut? Manchmal wird sie durch scheinbar geringe Anlässe angesprochen in einer Stärke, die, verglichen mit dem Auslöser, unangemessen stark erscheint. Lange aber bleibt sie verdeckt durch depressives Verhalten. Martha kommt lustlos in die Stunde, verbringt sie lustlos, kann sich keinem Spiel voller Interesse zuwenden. Sie wirkt abwesend. Wenn ich sie frage, wo sie mit ihren Gedanken ist, sagt sie: »Nirgends.« Ihr Gesicht wirkt fast puppenhaft starr, ihre Bewegungen träge und müde. »Nirgends« heißt auch: »Ich weiß nicht weiter, ich trau mich nicht weiter«, oder: »Ich kann nicht sagen, was mich beschäftigt, mir fehlen die Worte«, oder: »Ich mag nicht sagen, woran ich denke, das würde weh tun.« Solange die sich langsam ins Bewußtsein drängenden Bilder innen bleiben, sind sie noch nicht ganz wirklich, können sie noch nicht so weh tun. Martha schützt sich vor erneutem Schmerz.

Ich weiß, Martha wartet auf eine Antwort ihres Vaters. Einge Wochen sind vergangen, seitdem sie den Brief schrieb. Schließlich werde ich diese neue Kränkung durch den Vater ansprechen müssen, seine Unfähigkeit, seine fehlende Bereitschaft, seiner Tochter eine Antwort zu geben. Als ich schließlich über den Sozialarbeiter erfahre, daß der Vater nicht antworten will, spreche ich diese Situation vorsichtig an. »Du wartest auf eine Antwort vom Vater?« Martha: »Ja, warum schreibt er nicht?« Ich erzähle ihr den Sachverhalt und fühle in mir den Druck, diesem Kind eine Erklärung zu geben, die den erneuten Schmerz erträglich werden läßt und fühle mich gleichzeitig hilflos: »Ich weiß es nicht.« Mir fällt nichts ein und meine Antwort löst erneut Schmerz aus. Der Papa ist eben zu allem anderen auch noch schwach und hilflos, Martha läßt sich in meine Arme fallen und von mir wiegen. Lange ist es still zwischen uns.

Wut ist im Rahmen der kindlichen Entwicklungsschritte ein Gefühl, das sich relativ früh entwickelt. Bereits nach den ersten Monaten differenziert sich aus den frühen Unlustäußerungen die Fähigkeit des Kindes heraus, auf Entsagungs- und Unlustsituationen mit wütendem Geschrei zu reagieren. Diese Qualität der Äußerung des Kindes ist deutlich zu hören und zu sehen, der ganze kleine Körper ist beteiligt. Wütendes Geschrei soll bewirken, daß der unlustvolle Zustand abgestellt wird, es hat fordernden Charakter. Perls

Krickel – Krackel – Wut

unterscheidet zwischen zwei Qualitäten der Wut als Aggressionsausdruck, und zwar hinsichtlich ihres Gerichtetseins, ihres Ziels. Wut kann vernichten und sie kann zerstören. Während bei vernichtenden Impulsen das Objekt der Wut gänzlich beseitigt werden soll, geht es bei dem Wunsch zu zerstören um das Ziel, das Objekt der Wut in seine Bestandteile zu zerlegen, um es in seiner inneren Struktur erfahrbar zu machen und anschließend mit einer neuen Qualität zu einem Ganzen zusammenfügen zu können. Perls hat sich mit diesem zweiten Aspekt von Wut von der Thanatostheorie Freuds abgegrenzt, in der dieser Aggression als negativen, destruktiven Trieb definierte. Für Perls ist »zerstören« die heiße Wut, weil sie mit Lust verbunden ist. Es ist der Genuß am Aufnehmen, Zerkleinern und Assimilieren und dadurch am Herstellen neuer Qualitäten von Stoffen, es ist ein kreativer Prozeß. Er verdeutlicht dies am Beispiel der Nahrungsaufnahme (Perls 1985, S. 129).»Ohne Aggression stagniert die Liebe und wird kontaktlos, denn Zerstören ist das Mittel der Erneuerung (Perls 1985, S. 133).

»Vernichten dagegen meint zuallererst eine Abwehrform auf Schmerz, Eindringen von Fremdkörpern oder Gefahr« (Perls 1985, S. 128). Es ist der Wunsch, das bedrohliche Objekt zu beseitigen, es fernzuhalten durch

Schlagen oder Treten bei gleichzeitigem Sichverschließen und Abwenden. Es ist kalte Wut, sie ist nicht mit Lust verbunden, sondern mit Überlebenswillen. Wenn kalte Wut empfunden wird, dann gab es also vorher immer eine verletzende, bedrohliche Situation. Kann diese nicht durch Vernichten beseitigt werden, bleibt nur die Möglichkeit der Flucht. Aber »wenn weder Flucht noch Beseitigung des Objekts möglich sind, bleibt dem Organismus nichts anderes übrig, als das eigene Gewahrsein auszulöschen, den Kontakt zu vermeiden, die Augen und die Zähne zusammenzubeißen. Diese Mechanismen werden dort sehr wichtig, wo die Umstände mehrere gegensätzliche Reaktionen auf ein und dasselbe Objekt erfordern (eigentlich auf verschiedene Eigenschaften, die in einem Objekt miteinander verbunden sind), besonders wenn ein Bedürfnis oder ein Wunsch die Anwesenheit eines Objektes notwendig machen, das zugleich unangenehm und gefährlich ist (Perls 1985, S. 129). Perls spricht in diesem Zusammenhang von der »Qual der Kinder«. Und er könnte nicht treffender die Not der Kinder beschreiben, wenn sie einem sexuell mißbrauchenden Elternteil ausgeliefert sind. Sie können aus Angst vor dessen vernichtender Aggression während der Mißbrauchshandlungen und aufgrund ihrer Abhängigkeit als Kinder nicht schlagen oder treten, sondern müssen sich verschließen und den Kontakt zum Vater und zum eigenen Körper in der Mißbrauchssituation vermeiden. Wut wird festgehalten und somatisiert. Symptome wie Kontaktlosigkeit gegenüber den eigenen Körperreaktionen, die Unmöglichkeit, den Körper zu fühlen, werden so erklärbar. Wir können auch in Anlehnung an Perls sagen: Da, wo äußere Flucht nicht mehr möglich ist, kommt es zu einer Flucht nach innen.

Mentzos hat sich mit den Symptombildungen infolge der Unmöglichkeit, die Wut zielgerichtet zu äußern, beschäftigt. Er bezeichnet sie als die Resomatisierung des Wutaffektes z.B. in Form von Muskelverspannungen, Kopfschmerz und Bluthochdruck. Der Körper drückt die Wut auf eine verschlüsselte, krankmachende Art aus, sie dient der Unbewußtmachung des Traumas und der Entladung gegen das Subjekt (Mentzos 1984, S. 61). Muß die Äußerung von Wut über längere Zeit unterdrückt werden, kommt es zu einer Fixierung und zur Entstehung von Haß, der gegen das eigene Selbst gerichtet wird. Psychosomatische Symptome, Depression und ausgeprägte Formen der Kontaktlosigkeit zu sich und der Umwelt sind die Folgen (Perls

1985, S. 127). Auch Oakländer spricht von der Einsamkeit, die Kinder empfinden, wenn sie Wut spüren und sich nicht trauen, sie dahinzutragen, wo sie hingehört (Oaklander 1981, S. 164). Die integrative Therapie betont die Verdrängung des Wutimpulses in den Leib. Der Leib ist der Ort, in dem verletzende, nicht verarbeitete Erfahrungen, festgehaltene Gefühle gespeichert werden. Über sein therapeutisches Ansprechen ist ein Erinnern, Wiederbeleben der alten verletzenden Situationen und schließlich ein Äußern der alten aufgestauten Wut, d.h. ein aus dem Körper kriegen möglich. Muskuläre Verspannungen, psychosomatische Symptome, Depression und Kontaktlosigkeit als Folgen der Verdrängung von Wut können sich so langsam lösen (Petzold 1988, S. 340 ff.).

Auch hier gilt wieder, daß das Bearbeiten früher, festgehaltener Wutimpulse das Vorhandensein einer tragfähigen Beziehung zum Therapeuten und eine gute Verankerung in die Umwelt voraussetzt. Frühe Schichten der Persönlichkeit können immer nur dann gefahrlos berührt werden, wenn bereits reifere Formen der Abwehr verfügbar sind. So kann vermieden werden, daß es zur Überflutung mit alten, bedrohlichen Gefühlen und damit zu einer möglichen Dekompensation kommt. Damit das Fühlen und Äußern von Wut und Haß in der therapeutischen Situation heilsam wirkt, ist eine empathische, mitfühlende Begleitung durch die Therapeutin notwendig. Sie regrediert quasi mit einem Teil ihrer Person auf die wiederbelebte Entwicklungsstufe des Kindes und fühlt seine Not. Sie empfindet auch die parallel zu den Wutimpulsen auftretenden Schuldgefühle und Ängste vor Bestrafung. Gleichzeitig bleibt sie aber auf der Ebene der erwachsenen Therapeutin diejenige, die Orientierung gibt, die trägt und durch den Wust von Gefühlen sicher durchträgt. Sie bringt mit ihrer Anwesenheit immer auch wieder die Realität hinein, so daß die Szene zwar erlebt wird, als geschehe sie jetzt, daß sie jedoch erinnert wird. Dadurch wird realisierbar, daß heute, hier und jetzt, die bedrohliche Situation nicht mehr besteht. Gerade beim Äußern der vernichtenden Wut ist es wichtig, den Symbolcharakter des Vernichtenwollens deutlich zu machen. Die Wut wird oft in einer Stärke erlebt, mit der der damals verletzende Elternteil tatsächlich vernichtet, d.h. umgebracht werden könnte. Gleichzeitig aber können diese Gefühle in der schützenden, therapeutischen Situation geäußert werden, ohne daß der Elternteil, dem sie gelten, real anwesend ist und daher bedroht werden könnte.

Darüber hinaus ist es wichtig, erlebbar zu machen, daß diese mörderische Wut nur einem Teil der gesamten Person des Elternteils gilt. Nicht die ganze Person soll ausgelöscht werden, sondern der Teil, der damals so verletzend und ängstigend war, dieser soll nicht mehr existieren, so wie das Kind sich damals wünschte, daß nicht geschieht, was geschieht.

Ich beginne damit, Martha therapeutisches Material anzubieten, mit dem die alten, verletzenden Szenen wiederbelebt werden können. Ich bewege sie dazu, sich statt der bisher benutzten Ölkreiden zum Malen an Fingerfarbe heranzuwagen.[4] Martha ist voller Abwehr, Ekel ist spürbar. Sie schüttelt sich, mag dieses glitschige, wie sie sagt, nicht an den Händen haben. Angst, sich schmutzig zu machen, taucht auf. Die Mutter könnte schimpfen, wenn sie beschmutzt nach Hause kommen würde. Mir wird die Übertragungsqualität der Situation deutlich. Marthas Leib erinnert sich an Sperma, Sekret und Schweiß des Vaters. Gleichzeitig wird die damals verdrängte Angst vor den Vorwürfen der Mutter aktiviert. »Sexualität ist schmutzig, du bist schmutzig, schäme dich, wehe, ich erwisch dich noch mal.« Martha will dieses Glitischige, was sie an den Mißbrauch durch den Vater erinnert, nicht noch mal an ihrer Haut haben und sie will nicht noch einmal fühlen müssen wie damals. Die Angst Marthas wahrnehmend, akzeptiere ich die Weigerung und deute die Situation doch vorsichtig, denn Martha eröffnet mir zum ersten Mal ihre Gefühle während des Mißbrauchs. »Das ist so glitschig, wie es sich damals auf deiner Haut anfühlte, wenn Papa dich mit seinem Penis berührte, aus dem das Sperma herauskam.« Erschrecken und Verstehen kennzeichnen Marthas Gesicht: »Was ist Sperma?« Ich: »Das, was aus Papas Penis herauskam, wenn er ganz groß und fest geworden war.« Bisher verwendete ich den Terminus »die Sache« und stellte damit eine gefühlsmäßige Distanz zwischen dem Mißbrauchsgeschehen und der therapeutischen Situation her. Nun beginne ich vorsichtig, das konkrete Mißbrauchsgeschehen zu beschreiben. Immer noch vorsichtig, ich will nicht, daß Martha von bedrohlichen Gefühlen überschwemmt wird.

Martha schweigt, wie versunken schaut sie nach innen. Ich gebe ihr Zeit. Plötzlich schaut sie mich an und sagt sehr deutlich: »Ich will eine

Kackwurst machen!« Erst da fällt mir auf, daß es schon eine ganze zeitlang nach Pupsen riecht. Marthas Anspannung im Unterleib scheint
sich zu lösen. Stinkwut kündigt sich an. Ich gebe ihr einen Pinkelpott,
der zu unserer kindertherapeutischen Ausstattung gehört und denke:
Jetzt setzt sie sich darauf und kackt. »Nein, ich will nicht kacken, ich
will eine Kackwurst machen!« Sie zeigt mir ihre Hände. Ich begreife, sie
will mit den Händen formen, ich gebe ihr ein Stück braunen Ton. Sofort
ist sie dabei, mit all ihrer Energie und Aufmerksamkeit eine gewaltige
braune Kackwurst zu formen. Sie stöhnt und ächzt, ist mit ihrem
ganzen Körper beteiligt und wirkt ganz versunken in ihrem Tun.[5] Die
Ähnlichkeit mit einem Penis ist nicht zu übersehen. »So!« Martha
nimmt die Wurst und tut sie mit einem Schlag in den Pott. Sie wirkt
erleichtert und befriedigt. Sie schaut mich an und sinkt erschöpft in
meine Arme. Beide wissen wir, ohne zu reden, daß sie ein großes Stück
Arbeit geleistet hat.

Was war geschehen? Martha hatte selbst gefunden, was ihr auf dem
schweren Weg des Erinnerns und Durcharbeitens des Inzestgeschehens
helfen könnte. Der Ekel vor dem Glitschigen hatte die alte Szene wiederbelebt und den Impuls freiwerden lassen, die alte Kacke und die alte
Scheißwut aus ihrem Körper herauszukriegen. Der Vater hatte sie anal
mißbraucht, sie hatte seinen steifen Penis nicht nur auf der Haut, sondern
im Darm gespürt und damals konnte sie ihn nicht wie Kot einfach aus ihrem
Darm drücken. Es folgte eine Stunde, in der Martha ihre Kackwurst noch
einmal ausgiebig betrachtet. Schließlich sagte sie: »Sieht aus wie ein Pimmel.« Ich nickte und fügte hinzu: »Wie Papas Pimmel.« Martha stimmt zu.

Martha muß zum Schluß dieser Stunde tatsächlich auf das Klo. Ich
warte, als sie schließlich befriedigt herauskommt, frage ich sie: »Na,
hast du eine ordentliche Kackwurst gemacht?« Sie strahlt: »Ja.«

Psychoanalytisch gesehen kommen hier anale Momente zum Leben.
Das Produzieren seiner Exkremente ist für das Kind etwas, was es schafft,
ein Symbol seiner Kraft und Potenz. Es ist Teil eines Selbstausdruckes,
geäußert von einem aktiven Ich. Kacken ist darüber hinaus ein Selbstreini-

gungsprozeß, er hat mit Loslassen und Hergeben, mit Trennung zu tun. Der Körper entledigt sich seiner verbrauchten Stoffe. Und Kacken bedeutet auch Teilhaben an Verwandlung, qualitativer Neugestaltung. Kot ist reich an Grundstoffen, an Dünger, verbunden mit Erde und Samen kann neues Wachstum entstehen. Der Weg zum Durcharbeiten der alten Verletzung scheint frei zu sein, und ich fühle mich voller Erwartung gegenüber dem, was kommt. Gleichzeitig weiß ich, daß mit dem Durcharbeiten das Erleben von tiefem Schmerz und Trauer verbunden sein wird.

Ich forme aus Ton drei Gestalten: Martha, Papa und Mama. Ich sage zu Martha, daß der Papa zwar nicht auf ihren Brief geantwortet habe, aber daß wir mit den Tonfiguren spielen könnten, daß er es tut. Martha ist einverstanden, sie besteht aber darauf, daß ich anfange. »Ich weiß nicht, was ich sagen soll.« So spiele ich also vor Marthas Augen, wie ich mir vorstelle, daß Martha fragen und der Vater antworten könnte. Ich identifiziere mich mit Martha, schlüpfe quasi in ihre Haut, frage den Vater, und wechsle dann meine Identität, um, soweit es mir möglich ist, dem Vater eine Stimme zu geben. So versuche ich symbolisch herzustellen, was der Vater durch sein Schweigen verweigerte. Zwischendurch schaue ich zu Martha, sie schaut zu und hat Distanz zu diesen beiden Personen, die ich spielerisch belebe.

Ich gebe den Dialog verkürzt wieder:

Ich (Martha): »Wieso antwortest du mir nicht? Ich will wissen, wieso du diese Sache mit mir gemacht hast.«

Ich (Vater): »Laß mich in Ruhe, ich will mit der ganzen Sache nichts mehr zu tun haben.«

Ich (Martha): »So einfach geht das aber nicht. Weißt du nicht, daß du mir weh getan hast?«

Ich (Vater): »Laß mich in Ruhe, mir ist es danach auch nicht gut gegangen.«

Ich (Martha): »Das ist deine Sache. Du hast mir sehr weh getan. Du hast mit mir Sachen gemacht, die du mit mir nicht machen darfst, ich bin noch ein Kind und außerdem deine Tochter. Das machen erwachsene Menschen miteinander.«

Dialog zwischen Ton-Martha und Ton-Vater

Ich (Vater): »Wenn Mama aber nicht da war, wo sollte ich denn hin?«

Ich (Martha): »Das weiß ich doch nicht, auf jeden Fall nicht zu mir.«

Ich (Vater): »Ach, laß mich in Ruhe, es ist nun mal geschehen, wir vergessen es einfach.«

Ich (Martha): »Ich kann es aber nicht vergessen, wie du mich in das Klo mitgenommen hast, immer wenn Mama weg war. Ich weiß ganz genau, wie du mir die Kleider vom Körper gemacht hast, meinen Popo nackt gemacht hast und mich von hinten festgehalten hast. Ich weiß ganz genau, daß du deinen großen harten Penis in meinen Po geschoben hast. Und das tat so weh, daß ich schreien mußte. Du hast mir den Mund zugehalten, es sollte uns keiner hören. Es war klebrig, schmierig und roch eklig, ich hatte Angst, du machst mich kaputt. Manchmal blutete ich. Du hast ihn so lange hin- und hergeschoben, bis dieses weiße Zeug herauskam.«

Ich (Vater): »Hör auf, es war doch gar nicht so schlimm.«

Ich (Martha): »Doch, es war sehr schlimm, und es ist immer noch schlimm, ich hatte so viel Angst und wußte nicht, was du da mit mir machst.«

Ich (Vater): »Männer brauchen das nun mal.«

Ich (Martha): »Aber nicht mit kleinen Mädchen, ich bin deine eigene Tochter!«

Ich (Vater): »Aber du hast dich doch gar nicht gewehrt!«

Ich (Martha): »Weil ich Angst hatte, du machst mich tot, das hast du gesagt!«

In der Identifikation mit dem Vater spüre ich das Ausweichen, ich will mich mit meiner Tochter nicht auseinandersetzen, ich will mich auch nicht mit mir auseinandersetzen. Ich kann gar nicht, dafür ist gar kein Boden da. Als Martha will ich ankommen, ich kämpfe verzweifelt um eine Antwort. Ich will nicht wahrhaben, daß der Vater sie nicht gibt. Ich will, daß der Vater mich hört, mich wahrnimmt als seine Tochter, die er verletzt hat. Ich will nicht akzeptieren, daß dieser das nicht macht, das täte mir zu weh.

Tatsächlich zog sich dieser verkürzt dokumentierte Dialog über viele Stunden hin. Bereits nach den ersten Wortwechseln begann Martha vorsichtig richtigzustellen und zu korrigieren, wenn ich etwas sagte, was dem tatsächlich Geschehenen widersprach. Während ich spielte, behielt ich Martha im Auge. Ich wollte wiederbeleben und gleichzeitig bei Martha sein, um sie in ihrem Erleben begleiten zu können. Gemeinsam entwickelten wir also den Dialog fort, um uns so Marthas Wahrheit von der Inzestsituation Stück für Stück anzunähern.

Ich ermutige Martha schließlich, in die Szene miteinzusteigen. Abwechselnd spielen sie und ich Vater oder Martha. Anfangs besteht sie darauf, den Vater spielen zu können. Für mich ist das Ausdruck ihrer Identifikation mit ihm, so kann sie sich ihren Schmerz noch etwas fernhalten. Seine Gefühle, Regungen waren ihr vertraut. Sie mußte sie spüren, sich ihm anpassen, um die Situation überleben zu können. Ihre eigenen Gefühle mußte sie verdrängen und dann wieder zusammensuchen und sich aneignen. Schließlich spielt Martha sich selbst und äußert Stück für Stück diese Gefühle, die ihren erschütternden Ausdruck finden in Worten, Gefühlen und Handlungen. Der Leib, als verbindender Ort all dessen, verschafft sich Sprache während ich begleite:
Martha stößt mit ihrer Ton-Martha den sich verweigernden Ton-Vater (ich) an, der weicht nach hinten aus:

Ich (Ton-Vater): »Laß mich, du tust mir weh.«
Martha (Ton-Martha): »Was soll ich sagen, ich weiß nicht.«
Ich stelle mich neben Martha und doppele sie: »Und du, was hast du mit mir gemacht, das hat weh getan, das ist gemein, das ist böse!«
Martha (Ton-Martha): »Das ist böse, böse, böse!«

Sie schlägt mit ihrer Ton-Martha auf den Ton-Vater ein. Bevor die Marthafigur dabei beschädigt wird, nehme ich sie Martha vorsichtig aus der Hand und stelle sie zur Seite: »Laß deine Figur nicht kaputtgehen durch deine Wut, nimm deine Hand.« Sie folgt diesem Vorschlag und schlägt wieder und wieder auf den Ton-Vater ein. Als der Ton platt auf dem Boden liegt, kratzt sie ihn vom Boden, formt eine Kugel und klatscht sie immer wieder auf den Boden. »Das hast du nun davon, jetzt siehst du mal, wie das ist, wenn das weh tut!« Schließlich steht Martha auf und tritt mit ihren Füßen immer wieder auf den Ton. Harte, knur-

rende Töne kommen aus ihr heraus, ein verzerrtes Gesicht, kalte Wut, zerstören wollen, auch heimzahlen wollen, Rache. Martha traut sich in dieser geschützten Situation endlich zu zeigen, wie weh ihr getan wurde, wie verletzt und gekränkt sie ist, und sie ist endlich bereit, die Wut und den Haß darüber dahin zu tun, wo sie hingehören, zum Vater. In späteren Stunden bekommt die Rache am inzestuösen Vater noch konkretere Gestalt. Martha formt dem Ton-Vater immer wieder einen großen erigierten Tonpenis, den sie wütend abreißt und voller Inbrunst erst mit Stöcken, dann mit den Fingern zerbohrt und zerkleinert. Sie will ihn vernichten, es soll ihn nicht mehr geben.

Für mich wird durch Marthas Tun nun erlebbar, mit welch gemischten Gefühlen des Hasses und der Lust der Vater sich am Körper der Tochter zu schaffen gemacht haben muß. Ich spüre mein Erschrockensein, muß aufpassen, daß meine Gefühle mich nicht handlungsunfähig machen. Ich fürchte einen Moment, sprachlos zu werden. Tränen steigen mir in die Augen. Martha sieht sie in meinen Augen. »Was hast du?« Ich: »Es tut mir weh und ich werde ganz traurig, wenn ich mir vorstelle, was du alles aushalten mußtest.« Martha ist erstaunt, ihr Gesicht wird ganz weich, ganz lieb kuschelt sie sich an mich. Wir halten uns eine Weile miteinander fest, beide brauchen wir die Vergewisserung, daß nun und hier in diesem Raum alles gut ist.

Das Interesse an dem Ton-Vater läßt schließlich nach. Martha beginnt, nach der Mutter zu fragen: »Wo war sie, wieso hat sie nichts gemerkt? Was fühlt sie, wenn sie daran denkt, was ihrer Tochter durch ihren Mann angetan wurde? Ich baue eine Ton-Mutter und eine Ton-Martha, und während Martha mich betrachtet, sagt sie: »Ich will Mama wirklich fragen, sie soll hierherkommen.« So organisiere ich eine Sitzung mit ihr. Mit meiner Unterstützung stellt Martha der Mutter ihre Fragen, auch diese weicht aus. Martha gibt nicht auf, sie hat dazugelernt. Schließlich sagt die Mutter: »Ich weiß nicht, ich war im Krankenhaus, ich hatte so viel zu tun, mir ging es so schlecht, ich habe nichts bemerkt.« Da richtet Martha sich auf, schaut ihrer Mutter direkt in die Augen und sagt mit fester Stimme: »Das hat mir weh getan, was Papa da mit mir gemacht hat, und du hast es nicht bemerkt!« Stille ist im Raum, die Mutter hört ihrer Tochter zu. Zum ersten Mal spüre ich einen dichten Kontakt zwischen beiden. Ich bin tief gerührt über Marthas neugewonnene Kraft und ihren Willen, der Mutter nahe zu sein. Sie kämpft um diese Beziehung, die so wichtig für ihr Wachstum ist. Die Mutter ist betroffen, sie erinnert sich plötzlich an ihre eigenen Inzesterlebnisse mit dem Onkel. Zum ersten Mal erzählt sie davon, die Tochter hört zu und es entsteht eine tiefe Nähe zwischen Mutter und Tochter. Als Martha schließlich im Arm der Mutter liegt, laufen beiden ganz leise Tränen über die Wangen, eine gemeinsame Trauer um ein gleiches Schicksal hatte begonnen.

Trauer – »sich trauen zu fühlen was ist«

Wir trauern um Verluste, Getrenntes, um Unwiederbringliches innerhalb des Lebens immer wieder. Ohne wirkliche Trauer, verbunden mit Schmerz und Wut, ist Abschied und damit Neubeginn nicht wirklich möglich. Das Leben in der Gegenwart macht es erforderlich, daß wir uns in jedem Moment von der Vergangenheit trennen können, um uns der Zukunft zuzuwenden, so entsteht Entwicklung. So gesehen, sind Trauer als Ausdruck des Abschiedes und Freude als Hinwendung zum Neuen »zwei Seiten einer Sache«, der Sache zu leben. Von Freud stammt der Begriff der »Trauerarbeit« als eine hochentwickelte Fähigkeit des Menschen, ausgestattet mit der Bereitschaft, als abgegrenztes Subjekt in Beziehung zur Welt zu treten und sich wieder lösen zu können. In Lösungsprozessen trauern wir mit dem ganzen Körper, verlegen unsere Aufmerksamkeit und Energie auf diesen Prozeß in den Körper hinein und trennen uns schließlich, indem wir uns mit den positiven Anteilen der geliebten Person identifizieren.[6] So verabschieden und bereichern wir uns gleichzeitig, um uns mit Energie und Freude dem Leben erneut zuzuwenden.

Trauern ist also eine Fähigkeit, die einen Entwicklungsprozeß voraussetzt. Erst wenn wir die Fähigkeit haben, uns selbst mit unseren kohärenten Grenzen zu erleben und mit diesem Erleben in Kontakt zur Welt zu treten, sind wir auch in der Lage zu trauern, wie es oben beschrieben wurde und sind bereit zu fühlen, wie schmerzlich es ist, uns von einer geliebten Person zu verabschieden. Trauer ist ein reifes Gefühl, eine hoch entwickelte Ichleistung. Kinder sind aufgrund der Entwicklungsschritte erst mit vier bis fünf Jahren in der Lage, Verluste wirklich zu betrauern und sich zu verabschieden, nämlich dann, wenn sie über relativ konstante Selbstgrenzen verfügen. Frühere Gefühlsäußerungen aufgrund von Verlusten werden von Petzold/Ramin als Vorformen der Trauer bezeichnet (Petzold/Ramin 1987, S. 400). Sie sind dem Realitätsprinzip noch nicht verpflichtet. Das Kind ist noch dabei, sich aus der Symbiose mit der Mutter zu trennen und seine eigene Individualität zu finden. Es lernt noch zu erkennen, was zu ihm gehört, und was zur Außenwelt. Es übt noch den integrativen Umgang mit guten und schlechten Menschen, indem es entsprechende Erfahrungen mit den Menschen seiner Umwelt internalisiert.[7] Für den Trauerprozeß und die Fähigkeit zur Trennung bedeutet es demnach, daß dieser erst ab einer bestimmten Reifungsstufe – nämlich dann, wenn kohärente Grenzen vorhanden sind – in seinem ganzen Ausmaß möglich ist. Vorher werden Verluste als selbstbedrohlich erlebt, so, als würde ein Teil der eigenen Person mitfortgerissen, und eine klaffende Wunde bleibt im Erleben zurück, die nur schwer vernarben kann.

Martha hatte es schwer, zu betrauern, was es nach meinem Verständnis zu betrauern gab. Erst als ich bereit war, mein Verständnis von reifen Trauerprozessen zur Seite zu legen, begriff ich, daß ich in Gefahr gewesen war, von ihr etwas zu erwarten, was sie aufgrund des Zeitpunktes der Schädigung und vor allem aufgrund ihrer Entwicklungsstufe während der Therapie sich erst langsam aneignen mußte. Während langer Phasen der Therapie ging es darum, zunächst nur die noch fehlenden Selbstgrenzen zu entwickeln. Die verletzenden, schädigenden frühen Erfahrungen durch die Eltern, der Verlust an körperlicher Unversehrtheit durch den Mißbrauch mußte sie auf eine Weise erlebt haben, die ihr nicht nachvollziehbar machen konnte, daß es sich um eine Bedrohung ihrer an sich intakten Person von außen handelte. Innerpsychisch wird sie sich gefühlt haben, als sei sie mit dem Elternteil unlöslich verbunden, so, als handele er als Teil von ihr. Das Gefühl der Bedrohung war nicht etwas, was von außen verursacht erlebt werden konnte, sondern nur als Bedrohung innerhalb des eigenen archaischen Selbst. Innerhalb der Therapie ging es also zunächst um das Erleben von Getrenntheit, von Eigenständigkeit, von Beziehungsfähigkeit und in diesem Zusammenhang um das Vernarben der Wunden, das Ermöglichen von alternativen Elternerfahrungen, wie ich es im ersten Teil der Therapie beschrieben habe. So konnte Martha psychisch wachsen, sich sozial entfalten. Erst, wenn erfahren werden kann, wie anders und gut es sich anfühlt, zu dieser Welt dazuzugehören, sie entsprechend den eigenen Bedürfnissen mitgestalten zu können, teilzuhaben, geben und nehmen zu können bei gleichzeitigem Respekt der jeweiligen Grenzen, kann betrauert werden, was an Defiziten und Verletzungen in ganz früher Kindheit ausgehalten werden mußte.

Als mir dies klar wurde, verstand ich Marthas Willen, sich die Welt, der sie zugehörte, mit mehr Mut und Energie anzueignen, mit ihrem Erleben nach außen zu gehen und sich gleichzeitig einem Prozeß der Trauer hinzugeben, dem sie sich nur manchmal, bruchstückhaft und unter großer psychischer Anstrengung öffnen konnte, auf eine Weise, die ihren Möglichkeiten entsprach. Trauer war immer spürbar, wenn Martha eine Stunde des Durcharbeitens der Mißbrauchssituation hinter sich hatte, vor allem im Anschluß an die Äußerung von Wut. Ihr Äußern war immer abhängig von einem guten therapeutischen Kontakt zwischen uns, nur wenn Martha sich gut aufgehoben, getragen wußte – im körperlichen Sinne – war es ihr möglich, sich ihren Tränen unter einer zeitweisen Aufgabe von Kontrolle, hinzugeben. Immer hatte dies mit Fühlen von Schmerz zu tun, und der Prozeß mündete für Momente in Loslassen und Hingabe. Ich fühlte während des körperlichen Kontaktes, wie sich Marthas Muskeln, oft unter hartem Schluchzen, entspannten. Etwas wie Friede breitete sich für Momente aus.

So gelang es ihr in körperlicher Anlehnung an die leibliche Mutter, in einer Situation, in der zwischen beiden wirkliche Nähe, das Fühlen des Beieinanderseins möglich war, Trauer zuzulassen um das, was ihr angetan worden war. Ich habe dies zum Ende des vorherigen Abschnittes beschrieben. Es war ihr möglich, als sie die Trauer in den Augen der Mutter um deren ähnliches Schicksal sah, Nähe zu ihr zu fühlen und sich gleichzeitig durch meine Anwesenheit aufgehoben und beschützt zu erleben.

Trauer ist atmosphärisch spürbar, Martha traut sich zwar nicht, laut und gelöst zu schluchzen, sie hält den Atem an, verspannt sich und schaut mich doch mit großen, traurigen Augen an. Der Blick in diese Augen schmerzt mich, ich spüre, wie groß beim wirklichen Zulassen von tiefer Trauer das Erleben von Schmerz wäre, zu groß für dieses Kind. Martha schützt sich, sie spürt selbst, was sie sich an Fühlen zumuten, wie weit sie zulassen kann. Ich achte diese Grenzen, begleite Martha, wenn dieses harte Schluchzen auftaucht, diese traurigen, einsamen Augen mich anschauen, fast anstarren, aufgerissen durch das Fühlen der alten Schrecken. Ich halte sie, schaue ihr mit all meinem Schmerz und meiner Zuneigung in die Augen, ich habe den Wunsch, ihr fühlbar zu machen, daß es meine mitfühlenden Augen sind, von denen sie angeschaut wird, nicht die verletzenden des Vaters oder die abwesenden der Mutter. So ist es fast so, als würde ich stellvertretend für sie trauern. Viele Stunden verbringen wir so, bis Martha zu verstehen scheint, daß ihre tiefe, noch nicht benennbare Not von mir verstanden wird. Ich sage: »Es tut mir sehr weh, wenn ich sehe, was du aushalten mußtest.« Das kommt an. Ich denke, daß ich nun sicher sein kann, daß Martha später als junge Frau im Zusammenhang mit Erfahrungen in Liebe und Sexualität wieder mit ihrer Trauer in Berührung kommen und sie ernst nehmen wird.

Martha nimmt die Auseinandersetzungen mit Gleichaltrigen auf, beginnt Konflikte auszufechten, wehrt sich gegen Jungen, findet

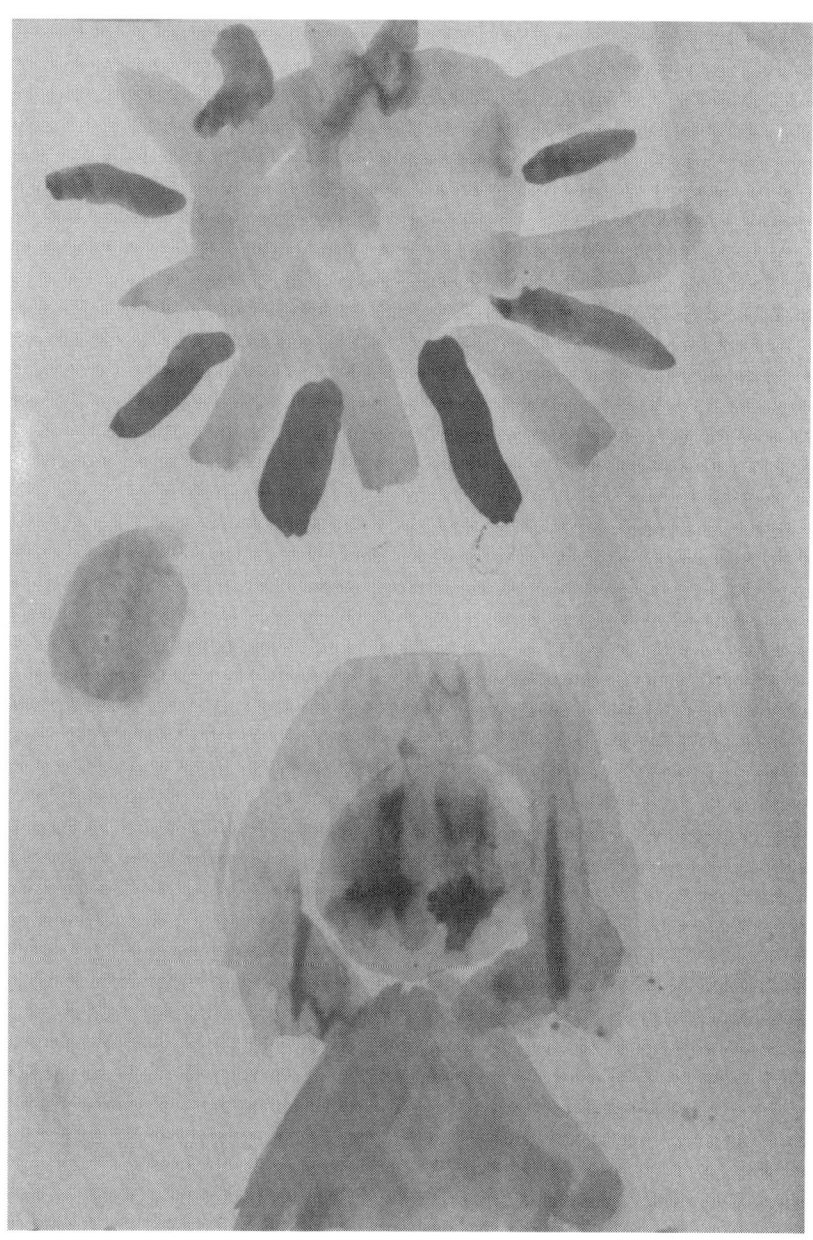

Das traurige Mädchen weint

Freundinnen. Wenn sie mit ihnen Schwierigkeiten hat, bringt sie sie einfach mit und erwartet von mir, daß ich ihr helfe, sie zu lösen. Sie entwickelt Lust zu lernen, ihre früheren Schwierigkeiten, dem Unterricht zu folgen, verschwinden immer mehr. Von Sonderschule ist keine Rede mehr. Martha fordert im Elternhaus. Sie weigert sich, die Mutter wie früher selbstverständlich zu vertreten, zurückzustehen, zu verzichten, sie beginnt auf eigene Wünsche zu achten, sich gegen Übergriffe zu wehren. All dies sind Anzeichen eines sich langsam erstarkenden Selbst, ausgestattet mit einem Ich, das sich seinen Platz in der Welt erobert.

Mit welchen Qualitäten von Trauer kommen Mädchen und Frauen nach sexuellem Mißbrauch während des therapeutischen Prozesses in Berührung? Welche Mängel und Verluste haben Mädchen wie Martha infolge des Inzest und der frühen Abwesenheit von Vater und Mutter zu bewältigen? Die Bewältigung der Trauer kann sich nicht nur auf etwas beziehen, was einmal da war und verlorenging, sondern auch auf etwas, was nie richtig da war, was fehlte. Bewältigungsmuster, die nicht wie das Durcharbeiten in der Therapie noch einmal in Kontakt gehen mit der alten Wunde, mit dem Fühlen der dazugehörigen Gefühle, wie Trauer und Wut, bei gleichzeitiger Bereitschaft, neue, gute Erfahrungen zu integrieren, können nur dazu dienen, kompensatorisch das Aufbrechen des alten Schmerzes, der alten Erfahrung zu verhindern. Viel Energie ist nötig, der Preis von Lebenslust, Freiheit und Sicherheit in der Welt muß gezahlt werden, wenn verhindert werden soll, daß die alte Wunde aufbricht, und doch ist es für viele Frauen und Mädchen oft der einzig mögliche Weg zum Überleben. Wirtz schreibt in Zusammenhang mit der notwendigen Trauerarbeit der mißbrauchten Frauen, daß sie ihr inneres Kind, das sie einmal waren, verloren haben. »Wir leben im eigenen Körper wie im Exil, wir haben die Identität verloren, die Unschuld, die Gefühle, den Glauben an eine Gerechtigkeit in dieser Welt.« ... »Nie war Raum für die Trauer; wir hätten sie als Kind auch nicht überleben können. Bleiben wir aber als Erwachsene unfähig zur Trauer, sind wir auch unfähig zum Leben.« ... »Trauer hilft uns, von dem zu trennen, was uns geschehen ist. Trauerarbeit bedeutet Abgrenzung, ein Thema, das für mißbrauchte Frauen, die gerade durch Grenzverletzung traumatisiert worden sind, unumgänglich ist« (Wirtz 1989, S. 216). Aber auch Wirtz spricht in diesem Zusammenhang von erwachsenen Frauen, die sich in Therapie begeben. Als erwachsene Frau kann ich mir mein inneres, kleines Kind wieder aneignen, ich habe inzwischen genügend erwachsene Fertigkeiten entwickelt, um mit ihm behutsam und mütterlich, tröstend umgehen zu können. In der Kindertherapie ist das Kind darauf angewiesen, daß diese Funktion von der Therapeutin übernommen wird. Es ist in seiner Entwicklungsstufe, in seinem Erleben noch viel zu dicht an dem Kind, das es verloren hat. Zu verstehen, was verloren ging, setzt die erwachsene Fähigkeit zur Reflexion, zum Rückblick, zum Verstehen, wozu ich diese verlorenen Teile in mir benötige, voraus. So konnte Martha während der Therapie auf ihre Weise trauern – immer wieder ein Stück – und ließ doch einen Teil von ihr, gut versorgt, in sich ruhen.

Martha hat, wie viele kleine Mädchen, die Trauer um den nicht existenten präödipalen Vater in sich vergraben. Der Vater, »den das kleine Mädchen vergeblich sucht« (Olivier 1989, S. 49), widmet sich hauptsächlich immer noch außerfamiliären Interessen, von einigen Ausnahmen abgesehen, und überläßt die Versorgung der Tochter der Mutter. Auch wenn Männer bereit sind, mehr Vater zu sein, wird ihnen dies aufgrund familienpolitischer und sozialökonomischer Gesellschaftsstrukturen oft unmöglich gemacht.

Die erste Beziehung des Mädchens, anders als beim Jungen, ist eine gleichgeschlechtliche, eine nichtödipale, die Beziehung zur Mutter. Der Weg zum Vater ist schwierig, oft unmöglich. So lernt das Mädchen sehr früh auf die bejahende Begegnung mit einem Mann zu warten und lernt mit dieser fehlenden Beziehung zu leben. In späteren andersgeschlechtlichen Begegnungen und Beziehungserfahrungen mit männlichen Partnern kann diese alte, nicht gestillte Sehnsucht wieder entfacht werden, die den Blick verstellt für eine reale Mann-Frau-Beziehung und die deshalb verführbar und mißbrauchbar macht. Und es fehlt der ödipale Vater, der Vater, der sich die Zeit nimmt, auf die Werbungen seiner kleinen Tochter, die diese noch mit dem ganzen Körper, mit allen ihr zur Verfügung stehenden Liebesgefühlen und Körperregungen ausdrückt, liebevoll und achtsam einzugehen, ohne sie für die eigene sexuelle Bedürftigkeit zu benutzen. Er spürt die kindlich-sexuelle Atmosphäre und gibt ihr innerlich, in seinem Körper Resonanz, gleichzeitig aber reagiert er, wie Kohut es ausdrückt, »zielgehemmt«. Seine Resonanz ist nicht inzestuös (Kohut 1981, S. 237 ff.). Er fühlt stattdessen eine tiefe Freude über diesen Entwicklungsschritt seiner Tochter, zeigt sie und ermöglicht dem kleinen Mädchen so einen wichtigen Schritt bezüglich der Entwicklung der inneren Gewißheit, daß sie mit ihrem kleinen Mädchenkörper liebenswert und schön ist. Über das Achten der Körpergrenzen und des Inzesttabus durch den Vater lernt das Mädchen selbst, auf seine eigenen Körpergrenzen zu achten, zu spüren, was gute, liebevolle Berührungen sind, und welche Berührungen dieser inneren Erfahrung nicht entsprechen. Es entwickelt einen inneren Schutz vor Berührungen verletzender Art.

Martha fehlte, wie vielen kleinen inzestgeschädigten Mädchen auch, die sichere, nährende und füllende Beziehung zu einer guten, verläßlichen Mutter, die Grundvertrauen in die Welt wachsen läßt. In der gleichgeschlechtlichen, ersten Beziehung zur Mutter, die selbst wenig Freude an ihrem Körper und ihrer Sexualität entwickeln konnte, fehlte ihr die Möglichkeit, in der Identifikation mit der Mutter den eigenen kleinen Mädchenkörper libidonös zu besetzen. Sie erfuhr nicht die bejahende Freude der Mutter an ihrer Lust, an ihrem Körper. »Dem von Frauenhänden umsorgten, kleinen Mädchenkörper fehlt die Farbe des Begehrens.«[8] Nach Olivier ist die Klitoris, mit der das kleine Mädchen sehr früh Lust empfindet, nicht Objekt des Begehrens der Mutter, sie erkennt sie als Quelle für eigene sexuelle Lust oft nur als Notlösung an. Sie kann der Tochter nicht sagen: »Du bist mein kleines Klitorismädchen«, sondern allenfalls: »Du wirst eine Vaginafrau sein, die mit einem Mann Lust erleben wird, später, wenn du groß bist« (Olivier 1989, S. 60). So wartet das kleine Mädchen auf etwas, was später, wenn es groß ist, in Abhängigkeit vom Mann Erfüllung bringen soll und fühlt sich dabei innerlich leer. Hier beginnt die Trauer um den früh einsetzenden Entfremdungsprozeß vom eigenen Körper. Das kleine Mädchen fühlt zwar die Erregung durch die Reizung der Klitoris – z.B. beim Waschen –, erfährt aber keine bejahende Bestätigung. So kann es nicht als wahr anerkennen, was wirklich ist. Deshalb wird es auch später, wenn es seine Sexualität lebt, Erregung, ausgelöst durch die Reizung der Klitoris als etwas bewerten, was minderwertig ist, was nicht sein darf, worüber sich der Partner nicht freuen kann. Es wird auf den vaginalen Orgasmus warten ohne direkte oder indirekte Beteiligung der Klitoris als die »reife Form der weiblichen Sexualität«, ist ihr dies doch oft genug erzählt worden (Freud GW XIV).

Wie in vielen kleinen Mädchen lebt auch in Martha die Trauer um die Unmöglichkeit erfahren zu haben, wie es sich anfühlt, wenn es Vater und Mutter gleichzeitig lieben darf. Desgleichen fehlt ihr die Erfahrung, wie es sich anfühlt, wenn beide Elternteile es lieben, jedes auf seine geschlechts-spezifische Art. Und es fehlt die Erfahrung, wie es sich anfühlt, wenn es erlebt, daß diese beiden wichtigsten Personen seiner ersten Entwicklungs-jahre in einer befriedigenden, liebenden Partnerbeziehung zueinander ste-hen. In einer solchen sicheren triangulären Situation kann das Mädchen es riskieren, um den Vater zu werben und mit der Mutter zu konkurrieren ohne Schaden zu nehmen. Stattdessen erleben Mädchen wie Martha oft, wie die Mutter sich dem Vater entzieht. Es versteht noch nicht, wieso das so ist. Ob die Mutter, wie viele Frauen, nicht lernen konnte, mit Lust und Freude ihrer eigenen Sexualität in der Partnerschaft mit dem Vater Ausdruck zu geben, oder ob der Vater, wie viele Männer, ein Verständnis von Sexualität verin-nerlicht hat, das von Erfolg, Leistungs- und Zeitdruck, Genitalität und oft auch durch Macht und Gewalt gekennzeichnet ist, eine Sexualität, mit der weder er noch seine Partnerin Befriedigung finden können. Es versteht noch nicht, daß der Vater sich von seiner Frau vielleicht abwendet, sich in dem, was sie für ihre sexuellen Bedürfnisse hält, nicht verstanden fühlt, nach scheinbar geeigneteren Partnerinnen sucht und aufgrund fehlender innerer Reife bei der Suche die Inzestgrenzen verletzt. Und es versteht nicht, wieso die Mutter nicht mehr bereit ist, etwas zu erdulden, was mit ihrer Lust nichts zu tun hat. In dieser unsicheren Partnerschaft, in der sehr viel Angst und Unvermögen gegenüber erwachsener, befriedigender Sexualität im Raum steht, und in der aufgrund von Beziehungslosigkeit nicht über Unzu-friedenheit gesprochen werden kann und darf, fühlt sich das kleine Mäd-chen nicht sicher, seine eigenen körperlichen Regungen, seine eigene kind-liche Sexualität auszuprobieren und zu entwickeln.

Generationsgrenzen sind labil, das Klima ist entweder kalt, leer, ver-wirrend oder negativ reizüberflutend, hat eher einen lusttötenden als einen lustfördernden Charakter. In einem solchen Klima ist der sexuelle Mißbrauch oft nur das Überschreiten einer geringen Schwelle. Er liegt ein-fach in der Luft und muß nur noch ausgeführt werden. Sexuell mißbrauchte

Mädchen tragen die Trauer um den Verlust ihrer körperlichen Unversehrtheit in sich, den Verlust ihrer unbeschwerten Kindheit, den Verlust von kontinuierlichen, sicheren Wachstumsprozessen, den Verlust der Möglichkeit, eine positive, bejahende Identität als Mädchen und später als Frau zu entwickeln und sich mit dieser voller Vertrauen und Neugier den Menschen zuwenden zu können. Diese Mädchen müssen lernen, mit ihrer sexuellen, leiblich-körperlichen Wunde, mit dieser tiefgreifenden Verunsicherung zu leben. Sie ist immer furchtbar seelisch und furchtbar körperlich, egal, ob es sich um Atmosphären handelte, denen das Kind ausgesetzt war (der Vater beschäftigt sich mit dem möglichen Inzest innerlich, in seinen Phantasien und schaut die Tochter sexuell begehrend an), oder ob es sich um entsprechende Tätigkeiten handelte. Eine Wunde, verbunden mit Angst, Schrecken, Schmerz, Enttäuschung, Verwirrung, Schuld, Ekel. Eine Wunde, die gut und lange versorgt werden muß, bevor sie sich schließen kann. Eine Wunde, die bei Irritationen immer wieder schmerzen wird.

Die Trauer um diese Wunde berührt die tiefen Schichten einer Person, sie erschüttert und berührt den Kern eines Mädchens. Die notwendige Akzeptanz, daß es diesen verletzenden, mißbrauchenden Vater gegeben hat, ist sehr schmerzhaft. Der Schmerz und die Trauer vergrößern sich noch, wenn zusätzlich eine Realität erkannt und angenommen werden muß, die gekennzeichnet war durch die »abwesende Mutter«, die Mutter, die nichts gesehen, gehört, gerochen hat. Die Mutter, die vielleicht ihre eigenen Inzesterfahrungen nicht verarbeitet hat und nun eine Wiederbelebung der alten Wunde verhindern muß und dabei gleichzeitig das alte eigene Kindheitsdrama in einer Wiederauflage inszenierend, unbewußt auf die eigenen, verschütteten Schmerzen aufmerksam machen will, die wegschaut und dabei die eigene Tochter opfert.

Die Beziehung zwischen Mutter und Tochter in Verbindung mit dem Inzestgeschehen und die Verantwortung der Mutter wurden bisher nur sehr oberflächlich betrachtet. Während die Frauenbewegung sich gegenüber diesem Thema nur langsam öffnet, wird nach meinem Verständnis innerhalb der psychoanalytischen Literatur nur zu leichtfertig die böse, lieblose Mutter sowohl für das bedürftige Verhalten der Tochter dem Vater gegenüber als auch für das inzestuöse Verhalten der Väter der Töchter verantwortlich gemacht und dabei von der Verantwortung des Vaters abgelenkt

(Hirsch 1987, S. 115 ff.). Was fehlt, ist die in vielen Inzestfällen indirekt duldende und leugnende Haltung der Mutter auch vor dem Hintergrund der weiblichen Entwicklungsgeschichte in einer patriarchalischen Gesellschaft zu interpretieren, bei gleichzeitiger Benennung männlicher Verantwortung für Erziehungs- und Entwicklungsprozesse von Kindern. Nur so wird die vielzitierte »Lieblosigkeit« der Mütter verstehbar. Wie sehr das, was wir »Mutterliebe« nennen, ein historisch-gesellschaftlich vermitteltes Gefühl ist, hat Badinter in ihrem Buch aufgezeigt (Badinter 1981). Aber unabhängig davon hat das verletzte Mädchen diesen Mangel und oft auch die Abwesenheit der Mutter, den fehlenden Schutz durch sie zu erleiden und hat ihn später zu betrauern. Das Verstehen, wieso Vater oder Mutter so verletzend, versagend, mißachtend waren, hilft erstmal nicht, den Schmerz um diese Realität zu mildern, sondern kann ihn eher verhindern. Erst wenn dieser Schmerz gefühlt und gelebt wurde, wenn anerkannt werden konnte, was und wie die eigene Wirklichkeit war, kann die Trauer um die Wirklichkeit der Eltern einsetzen und erst danach ist wirkliches Verstehen möglich. Schließlich können wir dann die Trauer unserer Eltern fühlen, wenn wir unsere Trauer um unsere Wunden ernst genommen haben. Diese doppelte Trauer ist erwachsene Trauer. Sie ermöglicht schließlich eine tiefe Aussöhnung mit unserem Schicksal. Wir können es annehmen, einordnen und verstehen als Teil einer Verletzungsgeschichte unter den Menschen (Petzold 1989, S. 50).

Aussöhnung heißt nicht immer Versöhnung, also Verzeihen, Entschuldigen. Es gibt Verletzungen durch die Eltern, und dazu gehört nach meinem Verständnis der sexuelle Mißbrauch, die nicht verzeihbar sind (Petzold 1989, S. 59). Petzold trennt die Begriffe Versöhnung und Aussöhnung und spricht in diesem Zusammenhang von der Bereitschaft »der Akzeptanz der Faktizität des Geschehenen«, die wirklichen Abschied, Loslassen von alten Kindheitsträumen und Hinwendung zum erwachsenen Leben ermöglicht.

Martha und viele Mädchen tragen die Trauer um das Fehlen vieler Teile einer Entwicklungsstufe in sich. Sie wurden viel zu früh mit Verhaltens- und Erlebnisbereichen aus der Erwachsenenwelt konfrontiert, die sie noch nicht verstehen und beherrschen konnten. Ferenczi spricht in diesem Zusammenhang von »traumatischer Progression« oder Frühreife« als Fähigkeit des sexuell angegriffenen Kindes, die in »ihm virtuell vorgebildete, zukünftige Fähigkeiten, die zu Ehe, zur Mutterschaft, zum Vatersein gehören, und alle

Empfindungen eines ausgereiften Menschen unter dem Druck der traumatischen Notwendigkeit plötzlich zur Entfaltung bringen« (Ferenczi 1988, S. 327). Dabei handelt es sich um hohle, nicht gefüllte Fähigkeiten, denen der »natürliche Nährboden« fehlt.[9] Martha trägt, wie andere sexuell mißbrauchte Mädchen, die Trauer um den verletzten Körper in sich, dessen Grenzen nicht nur mißachtet, sondern in einem körperlichen Sinne durchstoßen wurden, der als Lustquelle benutzt und sexuell gereizt wurde, ohne bereit und reif dafür zu sein, der mit väterlichem Sperma, Schweiß und oft mit Blut und Spucke benetzt wurde. Der Körper als Leib (Schmitz 1989, S. 39 ff.) und damit als subjektiver Ort der Befindlichkeit und Zugehörigkeit in der Welt, mit dem es sich und die Welt begreift, dieser Leib als Zentrum aller seiner Gefühle, Strebungen, Gedanken und Handlungen, mit dem es seine Identität erfährt, ist verletzt und beschädigt worden. Nie mehr wird er sich als unschuldig und rein erleben können, immer wird er sich als anders und damit als nicht zugehörig fühlen müssen.

Das Mädchen verfügt mit drei bis vier Jahren bereits über ein Leibbewußtsein, welches sich nach Mißbrauchserfahrungen verändert: »Ich bin ein verletzter, beschmutzter, schuldbehafteter Leib, meine Beziehung zur Welt ist gekennzeichnet durch Scham.« Im Zusammenhang mit der Trauer um den verletzten Leib steht die Trauer um die verletzten Grenzen. Diese gerade erst erahnt, noch dabei, sich zu konsolidieren, wurden verletzt, oft ganz körperlich. »Einem Kind, das gerade gelernt hat zu kontrollieren, was es aufnehmen und wieder abgeben will, wird auf brutale Weise diese Autonomie genommen« (LammersWinkelmann 1989, S. 4). Körpergrenze ist die Haut, die uns umgibt und schützt und gleichzeitig unser frühestes Organ, mit dem wir in Kontakt zur Welt treten. Auf dieser Haut, durch diese Haut hindurch geschieht der Mißbrauch, nicht steuerbar und regulierbar. Er muß vom Kind mit all seinen Gefühlen ertragen und erduldet werden. Mit dieser in einem hohen Maße irritierten Hülle des kindlichen Selbst tritt es zukünftig in die Welt und so wird verstehbar, wieso es sich so oft ausgeliefert und ungeschützt erlebt, hatte es doch erfahren müssen, daß diese Haut in ihrer Schutzfunktion nicht ausreichte, um die Übergriffe des Vaters abzuwehren.

Verbunden mit diesen Erfahrungen ist die Trauer um den Verlust von Klarheit als Bewußtseinsleistung, die bei Martha und bei vielen anderen Mädchen auch zum Zeitpunkt des Mißbrauchs oft noch nicht richtig entwickelt war. Eine tiefe Verunsicherung zieht sich durch das frühe kindliche Erleben. Wem soll es glauben, dem eigenen Empfinden oder dem, was ihm mitgeteilt wird? Die ins Körpergedächtnis eingravierten Erfahrungen, Gedächtnisspuren, die Berührungen durch Vater und Mutter, ihr Gesichtsausdruck, ihre Augen, in denen es sich spiegeln wollte, die sexuell begehrenden Hände des Vaters, deren Berührungsqualität nicht mehr Lust, sondern Angst auslösten. Eine Atmosphäre von scheinbarer »Keuschheit und Reinheit«, die beides nicht war, sondern Sinnes- und Lustfeindlichkeit und Gewalt. Dann wird das Gebot der Mutter: »Sag immer die Wahrheit« absurd unter dieser Doppelbödigkeit und ihrem Nichtsehenkönnen oder -wollen. An was sollte das Mädchen sich halten, um innere Sicherheit zu entwickeln darüber, was wahr und was falsch ist. Für Hirsch lautet die verwirrende Botschaft des Vaters so: »Ich liebe Dich, aber ich beute Dich (sexuell) aus, und wehe, du sprichst darüber« (Hirsch 1987, S. 175). Dies ist eine verrrücktmachende, zur Psychose prädestinierende Botschaft.

Mit all diesen Erfahrungen und der damit verbundenen Trauer um das Verlorene, teilweise nie Dagewesene, mit dem damit verbundenen, im Körper vergrabenen Schmerz wird sich das Mädchen nicht mehr unbefangen und voller Neugier und Lust der Entwicklung der eigenen Sexualität zuwenden können. Immer besteht die Gefahr, daß bei der Empfindung von sexueller Lust gleichzeitig diese tiefe Wunde, diese schmerzliche Trauer berührt werden könnte. Es wird verständlich, wieviele Mädchen und Frauen diese Wunde um den Preis des eigenen Fühlens tief in ihrem Körper vergraben und gleichzeitig ihren Symptomen, wie psychogener Schmerz, Hysterie, Depression und organische Taubheit von Körperteilen verständnislos gegenüberstehen. Erst das Durchleben einer tiefen Trauer um diese Verluste, eine gute Wundbehandlung, ein Erfahrenhaben neuer, guter Berührungen innerhalb eines therapeutischen Prozesses machen es möglich, diese Wunde, diese tief verletzende Erfahrung, diesen Schmerz als zu sich gehörig anzunehmen. Nun ist erneutes Wachstum möglich, ein sich erneutes Hinwenden zur Welt, versehen mit aller Vorsicht, ausgestattet mit der neuen Erfahrung, daß es gute und schlechte Berührungen gibt, denen man sich öffnen oder verschließen kann.

»In unserem Badezimmmer steht immer noch die Babyölflasche, die Papa benutzte, damit es im Po nicht so weh tat. Mama nimmt sie, um den Bruder einzuölen.« Ich höre Marthas Empörung und frage, was sie will. Martha sagt ganz klar: »Ich will, daß sie wegkommt. Immer wieder muß ich daran denken, was Papa mit mit gemacht hat, wenn ich sie sehe. Ich will das nicht mehr.«

Zur nächsten Stunde bringt Martha verabredungsgemäß die Flasche mit. Mit der Mutter war anfangs die Notwendigkeit besprochen worden, daß alle Utensilien, die an den Mißbrauch durch den Vater erinnern könnten, aus der Wohnung entfernt werden müßten. Das Öl hatte sie vergessen. Damals wollte ich der zur Diffusität neigenden Mutter Klarheit und Eindeutigkeit vermitteln. Ich drücke aus: »Die Zeit des Mißbrauchs ist zu Ende.« Es ist eine große blaue 1-Liter-Flasche, noch zur Hälfte gefüllt. Martha stellt sie mit spitzen Fingern und mit Ekel im Gesicht zwischen uns. Ich sage: »Überleg dir, was du damit machen willst.« Martha hebt sie wieder mit spitzen Fingern auf, schüttelt sich, dreht den Verschluß auf, riecht etwas: »Igitt, riecht das eklig.« Die Finger kommen mit dem Öl in Berührung. »Äh, wie klebrig, wie glitschig!« Martha ist involviert, sie steigt gefühlsmäßig in die alte Mißbrauchssituation ein. Ich: »So hat es immer gerochen, wenn Papa deinen Po einrieb und anschließend seinen Penis in ihn hineinschob.« Martha schmeißt die Flasche auf den Boden, schaut auf und ruft: »Ich will das nicht, aufhören, aufhören!« Sie ist mit dem Erleben ganz in die alte, verletzende Situation eingetaucht. Aber sie ist sich gleichzeitig ihrer wirklichen Gefühle und Wünsche bewußt, sie kann nun in der geschützten therapeutischen Situation mit aller Heftigkeit und Wut ausdrücken, was ihr im Zusammensein mit dem Vater aufgrund ihrer immensen Angst nicht möglich war, nämlich daß er aufhören soll. Ich berühre mit meinen Händen ihren Schulter- und Rückenbereich, schaue ihr fest in die Augen und sage mit klarer, etwas lauter Stimme: »Martha schau mich an, du bist hier bei mir, bei Frau Garbe, es ist vorbei, dein Vater ist nicht hier und er kann dir nicht mehr wehtun.«[10] Martha schaut mich an. Ich bin also mit meiner Körperberührung und mit meiner Stimme zu ihr durchgedrungen. Es dauert noch einen kleinen Moment, bis sie realisiert, was wirklich ist. Dann läßt sie sich in meine Arme fallen und ich spüre, wie sich ihr kleiner Körper unter hartem Schluchzen langsam entspannt und ruhiger wird.

In der nächsten Stunde fragt Martha wieder nach der Ölflasche, die ich zwischen uns stelle. Was soll mit ihr geschehen. Martha nimmt sie, dreht sie auf, sie ist ruhiger als in der letzten Stunde. Sie scheint zu wissen, welche Gerüche und Erinnerungen auf sie zukommen werden. Ekel ist in ihrem Gesicht, aber der Impuls, die Flasche wegzuwerfen, fehlt in ihrem Körperausdruck. »Ich will das Öl in eine Schüssel kippen!« Gesagt, getan, was nun? Ihren Impuls, die Fingerspitzen in das Öl zu tauchen, bremst sie ab. »Du sollst zuerst deine Hände reintun.« Martha vertraut mir. Wenn mir nichts passieren wird, dann wird sie es auch probieren können. Ich tauche meine Hände vorsichtig in das Öl, zuerst die Fingerspitzen, fast auf der Oberfläche, dann die Finger, schließlich die Hände. Martha schaut mir aufmerksam zu. Ich sage: »Es ist Öl, ganz normales Babyöl, es fühlt sich ganz weich und glatt an.« Schließlich gibt Martha ihrem eigenen Impuls nach und berührt ganz vorsichtig mit den Fingerspitzen das Öl. Ich komme ihr mit meinen Händen entgegen, sie sucht die Berührung meiner Hände und traut sich, Stück für Stück tiefer in das Öl einzutauchen. Nun baden unsere Hände gemeinsam in dem Öl, sie beginnen, miteinander und mit dem Öl zu spielen, und gemeinsam finden wir immer neue Variationen der Berührungen und Bewegungen, die Spaß machen: Vom Sichberühren, erst ganz vorsichtig, Finger für Finger, geht es über ins festere Erkunden der Hände des anderen. Schließlich beginnt ein gegenseitiges Necken, Herausfordern, um sich anschließend schnell zurückzuziehen und von Neuem zu beginnen oder zu warten, bis die Hand des anderen den Kontakt sucht. Vom kräftigen Boxen, daß das Öl spritzt, bis zum zärtlichen Streicheln werden alle Qualitäten von Berührung in diesem Öl ausprobiert. Schließlich gibt sich Martha meinem Streicheln hin, schließt die Augen und wirkt ganz bereit, meine zärtlich-mütterlichen Berührungen in sich aufzunehmen. Lachen und liebevoll-lustvolles Glucksen sind ab und zu hörbar.

In der nächsten Stunde will Martha wieder mit dem aufgehobenen Öl spielen. Schließlich ist es ganz warm, und ich sage, daß ich darüber nachdenke, wie es nun weitergehen kann. Martha: »Ich will was machen, aber du mußt dich umdrehen. Ich sag' dir, wenn du wieder gucken darfst.« Marthas Augen wirken so lebendig, so ausdrucksstark und unternehmungslustig, daß ich mich nach kurzem Zögern auf dieses Abenteuer einlasse. Ich vertraue ihr. Schließlich, nach einigem Rumoren, darf ich mich umdrehen. Martha sitzt völlig nackt mit ihrem Popo in der Öllache, die sie auf den Fußboden gekippt hat, rutscht hin und her und strahlt mich an. Ich bin sprachlos, brauche einen Moment, um die Situation zu erfassen: »Das ist ja toll, das macht bestimmt Spaß, in dem Öl herumzurutschen.« »Ja« sagt sie und schaut mich glücklich an. Sie ist sichtlich froh, daß ich ihre doch wohl etwas ängstliche Erwartung, ob ich sie so, ganz nackt, mit ihrer solange zurückgehaltenen kindlichen Lust annehme, ob ich mich über sie freuen kann. Und das kann ich, und es breitet sich eine Atmosphäre von Befreiung, Erleichterung, Freude und wohliger Lust aus, die auch ich genieße. Martha wirft sich auf den Bauch, streckt mir die Beine entgegen: »Zieh mich hin und her.« Ich greife ihre Fesseln und ziehe sie durch das Öl, während Martha ganz still und voller Hingabe ihre zurückgekehrte Lust an ihrem Körper genießt. In mir sind mütterliche Gefühle des Gewährens, Spendens, der Freude und des Stolzes über die sich lustvoll ihren Körper wieder aneignende Martha. Ich fühle Rührung und Dankbarkeit für Marthas Vertrauen, welches sie mir entgegenbringt wie ein großes Geschenk.

Hier gibt es nun eine positive Solidarität zwischen uns, einer erwachsenen Frau und einem langsam heranwachsenden Mädchen, die gemeinsame Freude an der sich entwickelnden Weiblichkeit. Gleichzeitig mag die Situation etwas Ödipales haben. Martha mag in ihrem Erleben auch den nichtbefriedigten Wünschen gegenüber dem Vater Ausdruck geben. In meiner emotionalen Resonanz bin ich in dieser Szene also Mutter und zugleich auch ödipaler Vater, und beide Teile in mir können sich an der kindlichen Lust der »Tochter«, an ihrem kleinen Mädchenkörper erfreuen, ohne zu mißbrauchen. Ich sage: »Ich finde, du bist ein wunderschönes Mädchen und alles was dazugehört, dein Bauch, dein Po, dein kleiner Busen und deine Scheide, alles ist dran und richtig.« Martha hört mir aufmerksam zu, schaut auf die benannten Körperteile,

Eine Liebeserklärung

faßt sich an den Po und nickt bedächtig. Schließlich ist auch diese Stunde um und wir beenden sie, indem wir gemeinsam aufwischen.

Es ist ein symbolisches Aufwischen (Lammers-Winkelmann 1989, S. 3). Es wird aufgewischt, was Martha an Erfahrung mit Öl, mit Körperberührung, mit Anschauenlassen, Berührenlassen, mit Erleben von Lust in Verbindung mit Gewalt und Mißbrauch durch den Vater in sich hatte. Während dieser Stunden ist eine Umdeutung, eine Veränderung der emotionalen Besetzung des Materials Öl und eine Entkoppelung der Verknüpfung Öl, Lust, Mißbrauch, Gewalt und Angst geschehen. Martha hat sich das an sich Gute des Öls, die achtsamen Körperberührungen wieder aneignen können. Gleichzeitig begann ein Prozeß der positiven Besetzung ihres kleinen Mädchenkörpers durch meine Identifizierung und ihr Erleben. Martha hatte begonnen, ihr ödipales Defizit aufzufüllen.

Martha erprobt während der nächsten Stunden ihren Mädchenkörper. Sie entdeckt, was sie Gutes mit ihm machen kann. Es scheint so, als seien Kraft und Vitalität gewachsen. Im Mittelpunkt steht über viele Stunden das Erfahren von Kraft. Martha will mit mir, mit der Matratze, mit den Batakas, mit der Boxbirne kämpfen, sie will spüren, wie stark sie ist. Ihr Tun ist mit Freude und Lust verbunden und erinnert mich phasenweise an das, was Perls mit »heißer Wut« oder mit »zerstören« gemeint hat: »Der Appetit des Zerstörens ist warm und lustvoll. Er tritt heraus mit gebleckten Zähnen, greift (aus) nach seiner Beute, und beim Kauen spritzt ihm der Speichel« (Perls 1985, S. 129). Während sie auf den Sandsack boxt, ruft sie: »Ich werd dich schon kleinkriegen, mal sehen, wer hier der Stärkere ist!« Mir ist an dieser Stelle nicht so wichtig, zu deuten, wen Martha da symbolisch am Wickel hat. Wichtiger erscheint mir vielmehr, daß Martha beginnt, ihre Erfahrung des Kräftemessens, des Erprobens ihrer Kraftgrenzen zu erweitern. Dies bedeutet ja, daß sie dabei ist, sich von dem alten Selbstbild »Ich bin Objekt, mit mir kann jeder machen was er will« zu verabschieden. Sie beginnt, eine innere Vorstellung von sich zu entwickeln, daß sie mit ihrer Kraft auch in der Lage sein kann, Gefahr zu besiegen, zu beseitigen, im Kampf zu gewinnen. Noch einmal erinnere ich mich an das kleine, angepaßte, ängstlich erspürende Mädchen, das Martha einmal war, als sie vor 3 Jahren zu mir kam. Gleichzeitig ist mir an dieser Stelle aber auch wichtig, Martha die Grenzen ihrer körperlichen Möglichkeiten deutlich zu machen. Es geht an dieser Stelle auch um die realistische Einschätzung von Kraft, also auch um die Erlaubnis des Umgehens von bzw. der Flucht bei Gefahr. Umgang mit Kraft bedeutet nach meinem Verständnis, daß ich das Bewußtsein über meine Kraft in mir habe, bei gleichzeitiger Kontrolle über sie und bei realistischer Einschätzung ihrer Grenzen und der Gefahr.

Legt man die Formulierung von Lammers-Winkelmann zugrunde, daß der »Gebrauch des kindlichen Körpers ohne Zustimmung oder auch unter Protest des Opfers [...] eine Person zu einem Objekt und den Körper zu einem Gebrauchsgegenstand« (Lammers-Winkelmann 1989, S. 4) macht, dann hatte Martha begonnen, über den Weg der Lust- und Krafterfahrung, des Ausdrucks ihrer heißen Wut, sich von ihrer Opfer-Identität zu verabschieden.

Martha beginnt erneut mit dem Erproben, »Nein« zu sagen. Jetzt hat ihr »Nein« die Qualität, dem Gegenüber nicht zu gestatten, über ihre Grenzen zu gehen. Wir spielen verschiedene Kontaktsituationen durch und Martha entscheidet, ob sie sie will oder nicht, sie sagt »Ja« oder »Nein«. Wir spielen das »Ja-Nein-Spiel«: Während Martha »Nein« ruft, rufe ich »Ja«, wir schauen uns an. Martha lernt, bei ihrem »Nein« zu bleiben, auch wenn ich »Ja« sage.

Hier ging es mir auch um Prophylaxe, ich wollte Martha Handwerkszeug mitgeben, mit dem sie sich vor zukünftigen Übergriffsituationen schützen konnte. Das eindeutige »Nein« einem potentiellen Täter gegenüber verhindert nicht jeden Mißbrauch. Aber wenn rechtzeitig die sich oft schleichend anbahnende Absicht des Täters erspürt wird, kann ein klar ausgesprochenes »Nein«, hinter dem der ganze Wille, die ganze Entschlossenheit steht, einen möglichen Versuch unterbrechen. Ganz sicher ist es so, daß Mädchen und Frauen oft allein aus Gründen der geringeren Körperkraft und der geringeren Bereitschaft zur Gewaltanwendung Männern auf brutale Weise ausgeliefert sind und wirklich nichts tun können. Aber darüber hinaus gibt es eine Menge an rechtzeitigem Spürsinn, Vorsicht im guten Sinne, an Kraft und Eindeutigkeit, die uns vor Gefahren schützen können. Hierzu gehört auch der Abschied aus der uns so lange vertrauten Opferrolle, aus der Vorstellung, als Mädchen oder Frau schwach, hilflos und abhängig zu sein.

Martha sitzt nach einer Stunde des Kampfes erschöpft und zufrieden mit mir in der Kuschelecke. Ich singe ihr das Lied vor »Mädchen sind genauso schlau wie Jungen, Mädchen sind genauso frech und stark.« Martha lernt mit Begeisterung.

Martha ist inzwischen elf Jahre alt. Ihr Körper beginnt sich langsam zu verändern. Ängstlich und stolz zeigt sie mir, wie sich unter ihrem Kleid die kleinen Brüste abbilden. »Nun wirst du langsam eine Frau.« Ich hole das Buch »Zeig mal« (MacBride/Fleischhauer-Hardt 1986) und beginne, ihr die Bilder von kleinen nackten Mädchen und Jungen zu zeigen. Schließlich folgen die Bilder der Jugendlichen und der erwachsenen Eltern. Martha ist neugierig. Genau schaut sie sich an, wie diese aussehen. Sie vergleicht ihren Körper mit dem eines ca. 16jährigen Mädchens und ich sage: »So wirst du auch in ein paar Jahren aussehen.« Sie schaut sich die Mutter mit ihrem nackten Körper an und ich benenne die Geschlechtsteile und mache deutlich, wie das Baby in den Bauch kommt, wie es im Bauch wächst und wie es wieder herauskommt. Dann schaut sich Martha den Vater an, noch sehr vorsichtig, und noch einmal erinnert sie sich an den Penis des Vaters, der auch so ähnlich war und ganz groß werden konnte. Dann zeige ich ihr Bilder, die abbilden, wie Vater und Mutter sich lieben. Ich ermuntere Martha, Wörter auszusprechen, die sie kennt: zusammen schlafen, vögeln, bumsen, Möse, Penis, Pimmel, Muschi. Ich bestätige noch einmal, wozu erwachsene Geschlechtsorgane da sind, daß sie im Beieinandersein Liebe ausdrücken und Babys machen können. Ich betone, daß viele Erwachsene nicht gelernt haben, gut und liebevoll mit diesen Körperteilen umzugehen und daß sie sie deshalb auf eine Weise benutzen, die weder ihnen noch den Beteiligten guttun. Martha sagt: »Wie mein Vater.« Ich: »Ja.« Martha: »Wenn ich groß bin, mal sehen, wozu ich dann Lust habe.« Ich: »Ja.«

Trennung und Abschied

Wirkliche Trennung, Abschied innerhalb eines therapeutischen Prozesses, der sich über mehrere Jahre hinzog, ist ein eigenständiger Abschnitt, der Zeit braucht. Oft kündigt er sich an, er ist spürbar, liegt in der Atmosphäre zwischen den Beteiligten. Abschied nehmen setzt die Fähigkeit voraus, sich getrennt von der Therapeutin fühlen zu können. Es ist die Folge der Erfahrung, die intersubjektive Begegnung innerhalb der Therapie mitgestalten und fühlen zu können. Es bedeutet die weitgehende Auflösung von Übertragung und Gegenübertragung. Und es bedeutet die Auflösung von Idealisierung, also die Entwicklung der Fähigkeit, die Therapeutin realitätsgerecht, als einen Menschen mit guten und nicht so guten Seiten anzuerkennen. Für die Therapeutin heißt dies umgekehrt Verzicht und Gewinn. Sich seiner Selbst bewußt und zufrieden, kann sie auf diese Idealisierung als etwas, was im Rahmen der Übertragung notwendig war, verzichten und sich mit dem sicheren Gefühl, als Subjekt ausreichend zu sein, auf die reale Beziehung einlassen, die ja neben der Übertragungsbeziehung immer auch da war und sich zum Schluß des therapeutischen Prozesses ausbreitet. Abschied im idealen Sinne setzt also die Erfahrung von Gleichwertigkeit und damit die Auflösung von einseitiger Abhängigkeit voraus.

Martha kommt zum ersten Mal unwillig und verspätet in die Stunde. Sie sagt, sie habe so schön mit der Freundin gespielt und keine Lust gehabt aufzuhören, als es Zeit war, sich auf den Weg zu machen. »Wie lange müssen wir überhaupt noch machen?« Da ist er nun, der Ärger auf mich, immer war alles gut, was von mir kam und nun traut sich Martha mir zu sagen: »Es gibt nun etwas, was ich lieber mache, als zu dir zu kommen.« Schmerz und Freude spüre ich dicht hintereinander, es ist wohl Wehmut. Martha ist nun wirklich groß, ich werde loslassen müssen. Ich sage: »Dann bist du sicher bald so groß, daß du mich nicht mehr jede Woche brauchst. Darüber freue ich mich und gleichzeitig merke ich, daß ich etwas traurig werde, wenn ich an den Abschied zwischen uns denke.« Martha sieht mich an, neben einem Fünkchen Freude und Stolz zeichnet ihr Gesicht auch Zweifel und Angst ab. Ich spüre ihre Fragen: »Hältst du mich wirklich schon für so groß, daß ich

auf dich verzichten kann? Und: »Wirst du auch auf mich verzichten können?« Ich sage ihr, daß wir ungefähr noch drei bis vier Monate brauchen werden, bis sie ganz sicher ist, daß sie gehen kann und ich ganz
sicher, daß ich sie gehen lassen kann. Und auch danach bin ich nicht
aus der Welt, sondern für sie erreichbar, wenn sie das wolle. Martha ist
beruhigt.[11]

Die Trennung von der Therapeutin kann noch einmal tiefe, bisher ver-
borgene Trennungserlebnisse bzw. Abbrüche und Spaltungen an die Oberfläche des Erlebens befördern. Sie können mit heftigen Gefühlsausdrücken,
wie Wut und Trauer verbunden sein und von tiefer Regression begleitet werden.

Erneut ist Martha mit dem Vater beschäftigt. Sie überlegt, wo er jetzt
ist, wie es ihm geht. Es ist nicht nur Sorge um ihn, die aus ihr spricht,
sondern auch ihre kindliche Liebe, die sie sich neben allem anderen
erhalten konnte. Ich spüre, wie sie mit dem Trennungsschmerz kämpft.
Es kann sein, daß sie ihn nie wiedersieht, daß es nie wieder ein gutes
Wort von ihm für sie gibt. Ja, das kann sein und das tut weh. Dann ist
da die Mutter, und Martha drückt ihre Sorge, ihre Angst aus, nie eine
wirklich zufriedene, erfüllte Mutter erleben zu können, sondern sich
begnügen zu müssen mit dieser immer noch überforderten, erschöpf-
ten Mutter. Und ich sammele zusammen, was an dieser Mutter, so wie
sie nun mal ist, alles gut ist, stelle diese auch existierenden Teile neben
das, was fehlt, und Martha ist es möglich, beide Teile zu sehen und
anzunehmen. Die Überforderung dieser alleinstehenden Mutter mit
fünf Kindern wird sich trotz der Therapie nicht völlig ändern. Sie liegt
auch in den gesellschaftlichen Verhältnissen begründet, unter denen
Frauen oft allein das Heranwachsenlassen der neuen Generation
bewerkstelligen müssen. »Es ist schwer für Mama, fünf Kinder zu erziehen, das ist für alle Mütter schwer.« »Ja.« Und Martha fällt die Erzieherin im Tagesheim ein, die sie ab und zu besuchen darf und zu der sie
Vertrauen hat.
Nun liegt es auch an mir, die Übertragung zu lösen, also Schritt für
Schritt nicht mehr bereitzustellen, was ihr an mütterlicher und, soweit

ich konnte, an väterlicher Liebe und Sorge fehlte bzw. das zu korrigieren, was schiefgelaufen war. Ich beginne, Martha loszulassen, ihr zuzutrauen, daß sie auf ihre Fragen selbst eine Antwort findet oder einen Weg erkennt, auf dem sie zu einer Antwort gelangen kann. Während ich denke, daß ich nun bald darauf vertrauen werde, daß das, was ich Martha geben konnte, ausreichen wird, daß sie mit Zutrauen und Kraft gehen kann, spüre ich auch die Angst und Zweifel an meinen Fertigkeiten. Habe ich ausgereicht, habe ich Martha genügend geben können? Ich werde durch den Trennungsprozeß von Martha noch einmal mit meinen narzißtischen Größenphantasien konfrontiert. Es ist schwer, mich in meiner Begrenztheit, in meiner Normalität als Therapeutin anzunehmen und der Versuchung standzuhalten, fast mit magischer Phantasie zu beschwören, Martha möge auch in der Zukunft kein ähnliches Leid geschehen. Loslassen bedeutet für mich schließlich, mir auch diese Möglichkeit als Realität vorstellen zu können. Es ist denkbar, es kann passieren, daß Martha noch einmal auf ähnliche Weise verletzt werden könnte, daran werde ich nichts ändern können. Ich sage Martha, daß es irgendwann sein kann, daß wieder ein Mann oder eine Frau versucht, sie auf eine Art zu berühren, die sie an den Vater erinnert oder die sie nicht will, und daß es sein kann, daß es ihr trotz aller Kraft nicht möglich ist, dies zu verhindern. »Ja, dann ruf ich dich gleich an oder ich sag es Mama, die soll dich dann anrufen.« Ich bin beruhigt.

Therapeutischer Abschied von Kindern ist etwas anderes als der Abschied von Erwachsenen. Diese gehen und sind nun alleinverantwortlich für die Art, wie sie ihr Leben gestalten. Kinder aber können diese Verantwortung nicht alleine tragen, sie sind abhängig aufgrund ihres Alters und ihrer Entwicklungsstufe. Aus diesem Grunde sind für mich Trennungen von Kindern, die aus schwierigen, nicht ausreichenden Elternhäusern kommen, besonders schmerzlich. Und aus dem gleichen Grund bin ich der Überzeugung, daß eine Kindertherapie die therapeutische Arbeit mit den Eltern einschließt. Schon allein deshalb, damit Eltern den Wachstums- und Veränderungsprozeß ihrer Kinder, der oft mit heftigen Gefühlsausbrüchen, mit Wut gegen die Eltern verbunden ist, verstehen und tragen können.

Martha fragt mich, was ich in der Stunde mache, die frei wird, wenn sie nicht mehr kommt. »Kommt dann ein anderes Kind?« »Nein, erst einmal nicht, erst einmal mache ich Pause.« Sie fragt mich, ob ich manchmal an sie denken werde. »Ja, und dann stell ich mir vor, was du gerade erlebst.« Martha fragt mich, was sie machen soll, wenn sie Kummer hat und nicht weiß, wie sie damit fertig werden oder mich erreichen kann. »Dann setzt du dich in dein Zimmer, nimmst den kleinen Elefanten von mir und überlegst, was ich wohl sagen würde, wenn ich da wäre. In dir hast du nämlich schon ganz lange aufgehoben, was ich weiß und was gut und hilfreich ist. Du mußt nur hineinhorchen.« Hier spreche ich die verinnerlichte gute Elternimago an, die Martha während des therapeutischen Prozesses aufgrund der positiven Übertragung zu mir internalisieren konnte.

»Ich werde ganz schön traurig, wenn ich an den Abschied denke.« Martha schaut mich an, krabbelt noch einmal ganz dicht an mich heran, so als wolle sie noch einmal ganz deutlich spüren, wie ich mich anfühle, wie ich rieche, wie ich atme und wie mein Herz schlägt. Ich lasse es zu und spüre ebenso meine Liebe für dieses Kind, das mir wirklich über diese Jahre ans Herz gewachsen ist. Das ist nicht mehr Übertragung, sondern das sind Gefühle aufgrund einer gewachsenen Beziehung zwischen Martha und mir. »Martha, ich werde dich auch lieb haben und an dich denken, wenn du nicht mehr kommst. Für mich war die Zeit mit dir sehr schön und ich werde sie nicht vergessen.« Martha ist beruhigt. Sie wollte wohl wissen, ob auch sie Spuren in mir hinterlassen wird. Zum Abschied gestalten wir gemeinsam auf Marthas Wunsch ein Fest mit Essen, Verkleiden, Schminken, Singen und Tanzen. Wichtige, während der Therapie durchgeführte Rituale werden noch einmal berührt. Martha schenkt mir ein Bild von sich in einem Rahmen, damit ich sie immer anschauen kann, wenn ich das will. Von mir bekommt sie einen zweiten, etwas größeren Elefanten, einen Mutterelefanten. Die letzte Stunde ist um, ich begleite sie zur Tür. Noch einmal in den Arm nehmen und »machs gut«, »ja, du auch«. Trauer in ihr und mir.

Martha geht davon. Ich schaue ihr nach.

Literatur

Badinter, B.: Die Mutterliebe. München 1981

Beck, U.: Risikogesellschaft – Auf dem Wege in eine andere Moderne. Frankfurt/Main 1986

Belotti, E.-G.: Was geschieht mit kleinen Mädchen? München 1975

Braun, G.: Ich sag NEIN. Mühlheim 1989

Chasseguet-Smirgel (Hg.): Psychoanalyse der weiblichen Sexualität. Frankfurt/Main 1974

Deutscher Kinderschutzbund: Sexuelle Gewalt gegen Kinder. Hannover 1987

Dolto, F.: Über das Begehren. Stuttgart 1988

Enders, U. (Hg.): Zart war ich, bitter war's. Köln 1990

Ferenczi, S.: Sprachverwirrungen zwischen dem Erwachsenen und dem Kind. In: Masson, J.: Was hat man dir, du armes Kind, getan? Reinbek 1986

Ferenczi, S.: Ohne Sympathie keine Heilung. Das klinische Tagebuch von 1932. Reutlingen 1988

Finkelhor, D.: Child sexual abuse. New York 1986

Fraser, S.: Meines Vaters Haus. Düsseldorf 1988

Freud, S.: Über die weibliche Sexualität. GW.XIV, 515-537

Freud, S.: Zur Ätiologie der Hysterie. In: Masson, J.: Was hat man dir, du armes Kind getan? Reinbek 1986

Freud, S.: Trauer und Melancholie. 1917e, GW.Bd.10

Fürniss, T.: Therapeutische Intervention bei sexueller Kindesmißhandlung. Berlin/Heidelberg 1986

Gardiner, S.: Als Kind mißbraucht.Frauen brechen ihr Schweigen. München 1983

Greenson, R.-R.: Technik und Praxis der Psychoanalyse. Stuttgart 1986

Hausmann, B.: Arbeit mit Seilen bei Psychosepatienten. Düsseldorf, 2-3/1987

Heimannsberg, B.: Schuld und Schuldgefühle in der klassischen Gestalt-therapie und der integrativen Therapie. Düsseldorf, 2-3/1988

Hindman: Just before Dawn. !989

Hirsch, M.: Realer Inzest. Berlin/Heidelberg 1987

Kavemann, B./Lohstöter, I: Väter als Täter. Reinbek 1984

Kohut, H.: Die Heilung des Selbst. Frankfurt/Main 1979

Lammers-Winkelmann, F.: Psychomotorik für Kinder, die sexuell mißbraucht worden sind. Unveröffentlichtes Manuskript 1989

MacBride, W./Fleischhauer-Hardt: Zeig mal. Stuttgart 1986

Mahler, M.-S./Pine, F./Bergmann, A.: Die psychische Geburt des Menschen. Frankfurt/Main 1984

Masson, J.: Was hat man dir, du armes Kind, getan? Reinbek 1986

Mentzos, S.: Neurotische Konfliktverarbeitung. Frankfurt/Main 1984

Miller, A.: Das Drama des begabten Kindes. Frankfurt/Main 1979

Miller, A.: Du sollst nicht merken. Frankfurt/Main 1981

Möller-Gambaroff, M.: Das emotionale Erleben von Generativität. In: Wulf (Hg.). München 1985

Montagu, A.: Körperkontakt. Stuttgart 1984

Oaklander, V.: Gestalttherapie mit Kindern und Jugendlichen. Stuttgart 1981

Olivier, C.: Jocastes Kinder. München 1989

Perls, F.-S./Hefferline, R.-F./Goodmann, P.: Gestalt-Therapie, Lebensfreude und Persönlichkeitsentfaltung. Stuttgart 1985

Petzold, H.: Die Rolle des Therapeuten und die therapeutische Beziehung in der integrativen Therapie. In: Petzold, H.: Die Rolle des Therapeuten und die therapeutische Beziehung. Paderborn 1980

Petzold, H.: Konfluenz, Kontakt, Begegnung, Beziehung in der integrativen Therapie. Paderborn 4/1986

Petzold, H./Ramin, G.: Integrative Therapie mit Kindern. In: Petzold, H./Ramin, G.: Schulen der Kindertherapie. Paderborn 1987

Petzold, H.: Die vier Wege der Heilung. Düsseldorf 4/1989

Rohde-Dachse, C.: Weiblichkeitsparadigmen in der Psychoanalyse. In: Psyche 1/1990. Stuttgart

Rush, F.: Das bestgehütete Geheimnis: Sexueller Mißbrauch. Berlin 1985

Sachsse, U.: »Innere Selbstschädigungen der Haut«. Vorlesung am Ausbildungszentrum für Psychotherapie und Psychoanalyse. Göttingen 1985 , in: Hirsch 1987, ebd.

Schmitz, H.: Leib und Gefühl. Paderborn 1989

Spring, J.: Zu der Angst kommt die Scham. München 1988

Stanzel, G., Wildwasser Wiesbaden e.V.: Informationen für Mädchen und Frauen. Wiesbaden 1987

Steinhage, R.: Sexueller Mißbrauch an Mädchen. Reinbek 1989

Thomä, H./Kächele, H.: Lehrbuch der psychoanalytischen Therapie. Heidelberg 1986

Thürmer-Rohr, C.: Vagabundinnen. Feministische Essays. Berlin 1988

Watzlawik, P.: Menschliche Kommunikation, Formen, Störungen, Paradoxien. Bern 1969

Wirbel, U.: Verletzungen in der Therapie. In: Integrative Therapie 4/1987. Paderborn

Wirtz, U.: Seelenmord, Inzest und Therapie. Zürich 1989

Anhang 1:

Therapeutische Arbeit mit den »Teach-A-Body-Puppen«

Beim therapeutischen Durcharbeiten frühkindlicher sexueller Verletzung reicht Sprache allein nicht aus. Die Erfahrung des sexuellen Mißbrauchs ist eine zutiefst körperliche, ja leibliche. Um die entstandene Verletzung in ihrer Ganzheit ernst nehmen zu können, ist eine zwischenleibliche Kommunikation zwischen Therapeutin und Klientin unumgänglich. Das leibliche Gedächtnis wird angesprochen werden müssen. Erinnerungen der Traumatisierung drücken sich leiblich aus, in Körpersensation, in Bewegungsimpulsen, im leiblichen Spüren von Atmosphären, und es gilt, diese Körpersprache in Beziehung zur Traumatisierung zu setzen und dadurch verstehbar zu machen. Zum Zeitpunkt der Verletzung steht häufig noch keine Sprache zur Verfügung. Oder ihre Entwicklung ist noch nicht so weit fortgeschritten, daß ein Kind sprachlich ausdrücken könnte, was ihm geschehen ist. Kleine Kinder werden hier mit Gefühlen und Handlungen konfrontiert, die in die Welt der Erwachsenen gehören und selbst von diesen sprachlich schwer zu benennen sind. Sexualität in Sprache zu fassen, ist auch für erwachsene Menschen oft noch schwierig. Hinzu kommt das sich tief in das kindliche Gedächtnis eingegrabene Verbot des Täters über den Mißbrauch auf keinen Fall sprechen zu dürfen, oftmals bei Androhung schrecklicher Strafen. Fordern wir also Kinder auf, über ihren Mißbrauch zu reden, berühren wir gleichzeitig auch dieses verinnerlichte Verbot und damit die Angst vor Bestrafung.

Die therapeutische Erwartung, das Kind oder die Frau möge allein in Worten ausdrücken, was ihm geschehen ist, bedeutet eine Überforderung. Hinzu kommt, daß der alleinige sprachliche Ausdruck von körperlichem Erleben bereits eine Distanzierung vom eigentlichen Geschehen voraussetzt. Das Finden von Wörtern, die benennen können, was damals passiert ist, verbunden mit dem Gefühl, so stimmt es, so habe ich ausgedrückt, was mir geschehen ist, setzt oft eine lange therapeutische Such- und Sortierarbeit voraus. Häufig ist es erst am Ende eines längeren therapeutischen Weges möglich, aus einem Gefühlswirrwarr einzelne Gefühle herauszuarbeiten und diese von anderen Gefühlen abzugrenzen. Manchmal benötigt die Klientin den Zwischenschritt einer Therapeutin, die den Körpersensationen, den körperlichen Wahrnehmungen des Kindes oder der Frau einen Namen gibt und sagt:»Wenn sich in mir alles zusammenzieht und ich ganz starr werde, dann habe ich Angst.« Die Erfahrung, daß ein anderer Mensch ähnliche Körperzustände kennt und dafür einen Namen hat, hebt ein Stück Isolation auf und schafft Erleichterung. Körperzustände, die einen Namen haben, können sich zwar immer noch schrecklich anfühlen, sie werden aber begreifbarer, die Angst vor ihnen, vor ihrer Unbenennbarkeit, ihrem Fremden, das Besitz von einem ergriffen hat, beginnt sich aufzulösen. Beim Durcharbeiten früher sexueller Verletzungen ist es daher sehr hilfreich, wenn wir innerhalb des therapeutischen Prozesses einen Boden schaffen, auf dem es möglich ist, daß die Sprache des verletzten Körpers, des verletzten Leibes des Mädchens oder der Frau Ausdruck findet. Ein gutes Hilfsmittel sind dabei Medien. In meiner Arbeit habe ich dies am Beispiel von Ton gezeigt (vgl. Seite 86).

In den letzten Jahren hat sich zunehmend der Gebrauch der »Teach-A-Body-Puppen« (Verlag Donna Vita, Berlin) durchgesetzt. Hierbei handelt es sich um 15 bis 40 cm große, aus feinem hautfarbenem Strickstoff genähte Puppen, beiderlei Geschlechts und allerlei Altersgruppen (Baby, Kleinkinder, größere Kinder, erwachsene Frauen und Männer, Oma und Opa). Sie verfügen über alle Geschlechtsmerkmale und Hautöffnungen (Achsel-, Brust- und Schambehaarung, Brüste, männliche Genitalien mit und ohne Vorhaut, weibliche Genitalien). Im Bauch der erwachsenen Frau befindet sich ein Baby, welches durch die Vagina herauszuziehen ist. Die Puppen haben einen After und einen Mund mit herausziehbarer Zunge. In alle Körperöffnungen kann der Finger hineingesteckt werden. Die Hände und Füße sind mit Fingern und Zehen ausgestattet. Zunge, Finger, Zehen, Penis, können in alle Hautöffnungen (Mund, Poloch, Scheide) hineingesteckt werden. So ist es möglich, mit den Puppen jeden nur denkbaren sexuellen Kontakt nachzuspielen. Diese Puppen sind sowohl für Kinder als auch für Erwachsene diagnostisch und therapeutisch verwendbar. Zusätzlich sind sie für

Teach-A-Body-Puppen

122

sexuelle Aufklärung, zur Förderung von geschlechtlicher Identität und zur Prävention zu gebrauchen. Sie haben keine besonders niedliche Gesichter. Die Augen schielen, ein direkter Augenkontakt läßt sich mit ihnen nicht herstellen. Dies hat Sinn, da der direkte Augenkontakt zwischen Täter und Opfer meist hoch angstbesetzt war. Das Kind sah in den Augen des Täters seinen ganzen Haß und seinen Vernichtungswillen auf sich gerichtet. Leider haben die Puppen keine Ohren. Dies wurde von meinen Klientinnen häufig bedauert. In der Therapie geht es ja häufig darum, den eigenen verdrängten Wahrnehmungen zu trauen. Hierzu gehören auch Geräusche, wie das Stöhnen des Vaters, Aufeinandertreffen von Haut, der Atem, das eigene leise Schluchzen, Worte, das Quietschen des Bettes, Radiomusik, um die Mißbrauchsgeräusche zu übertönen, der jaulende Hund hinter der geschlossenen Tür. Die Puppen sind mit Kleidung ausgestattet, die aufgrund von Klettverschlüssen leicht an- und ausziehbar sind; es gibt Nachtzeug und Badezeug.

Voraussetzung für die diagnostische und therapeutische Verwendung der Puppen ist das eigene Vertrautsein mit ihnen aufgrund eines Vertrautseins mit Körperlichkeit und Leiblichkeit, die Fähigkeit unbefangen berühren und benennen zu können, was es an Körper- und Geschlechtsmerkmalen gibt. Die Therapeutin sollte hier über eine reiche innere Bilderwelt und einen umfangreichen Wortschatz für Körper- und Sexualmerkmale verfügen, die es ihr ermöglichen, sexuelle Praktiken in verschiedenen Szenen auszudrücken und mit verschiedener Sprache benennen zu können.

Zu Beginn der Arbeit legen wir eine ausreichende Zahl von Puppen in den Raum (z.B. ein Mädchen, ein Junge, ein Mann, eine Frau). Es geht um das langsame Vertrautwerden des Mädchens mit ihnen. Es sieht, daß die Therapeutin mit den Puppen angstfrei und unbefangen umgehen kann, es erinnert sich an seine Puppen zu Hause und kann sich deshalb auf dieses Material langsam einlassen. Zuerst geht es also um das visuelle Erfassen und Benennen der bekleideten Puppen, dann um ihr Berühren und Erkennen, daß es kleine und große gibt, Kinder und Erwachsene, männliche und weibliche. War dieses Erfassen und ein Austausch darüber angstfrei möglich, können wir zum nächsten Schritt übergehen. Wir ermutigen das Mädchen, sich mit einer dieser Puppen zu identifizieren: »Wer ist die kleine Anna?« Nach der Wahl werden erstmal die übrigen Puppen zur Seite gelegt und in einer vertrauten Atmosphäre gemeinsam diese Puppe Anne erforscht. Wie sieht sie aus? Hat sie blonde oder dunkle Haare? Wie alt ist sie? Was hat sie in ihrem Gesicht (Augen, Mund, Nase, Ohren)?. Wo und wie sind Hände und Füße. Manchmal kommt das Kind selbst auf die Idee, die Puppe auszuziehen, sonst ermutigen wir dazu, wenn die Angst des Kindes es zuläßt. Ausgezogen benennen wir mit ihm alle Körperteile: Brust, Rücken, Bauch, Po, Scheide, Beine, Arme. Gemeinsam finden wir Namen. Zuerst für die weniger angstbesetzten Körperteile, später für die Geschlechtsmerkmale. Mehrere Namen sind gut. Häufig klafft die Sprache des mißbrauchten Kindes von der des Mißbrauchers weit auseinander. Wir müssen vorsichtig sein. Erst mal Namen versuchen, die dem Kind vertraut und die von der Sprache des Mißbrauchers getrennt sind, sonst berühren wir zu früh traumatische Situationen, die dazu führen könnten, daß das Kind die weitere Arbeit mit den Puppen verweigert. Auch in der Arbeit mit den Puppen gilt, sich von der Angst des Kindes leiten zu lassen. Sie stellt die Grenze der Berührbarkeit dar, ihre Überschreitung bedeutet Mißachtung und erneute Verletzung und Rückzug.

Nun können wir langsam dazu übergehen, uns gemeinsam mit dem Kind darüber auszutauschen, was es mit allen seinen Körpermerkmalen alles tun kann. Dabei ist es wichtig, daß jeweils zwei Fertigkeiten benannt werden, z.B. mit dem Mund kann die Anna essen und schreien. Mit den Augen kann sie sehen und weinen. Mit der Scheide kann sie Pipi machen und sie streicheln. Mit dem Po kann sie kacken und pupsen. Dies ist ein weiterer Vorbereitungsschritt dafür, daß irgendwann einmal gezeigt oder benannt werden darf, was ihm an diesen Organen geschehen ist oder was es mit ihnen tun mußte. Ist die Puppen-Anna inzwischen ganz vertraut geworden, wird sie wieder angezogen und darf sich einen guten Platz suchen. Dann wendet sich die Therapeutin erneut den Puppen zu, legt sie in die Mitte und das Kind darf sich die Mitglieder seiner Familie aussuchen. Auch hier wiederholen wir das langsame Vertrautwerden mit den Puppen und seinen Körper- und Geschlechtsmerkmalen. Wir werden eine Fülle von diagnostischen Hinweisen erhalten, wenn wir genau hinhören und hinschauen. Ist der Mißbraucher ein Familienmitglied, z.B. der Vater, so werden wir uns ihm als letztes zuwenden, es sei denn, das Kind will es anders. Gehört der Mißbraucher nicht zur Familie, so ist es wichtig, irgendwann den Bogen zu ihm zu schlagen. Wenn das Kind vertraut im Umgang mit den Puppen ist, beginnen wir mit den Puppen in Form von Rollenspielen nachzuspielen, welche Szenen zwischen Mädchen und Jungen, Mädchen und Mutter, Mädchen und Vater bzw. anderen Männern möglich sind. Die Therapeutin sollte über einen Reichtum innerer Szenen und Bilder und Atmosphären verfügen, die sie wiederbeleben bzw. mit deren Hilfe sie erkennen kann, was das Kind anzudeuten versucht.

Dieses sich langsame Annähern an die Szenen und Atmosphären der sexuellen Verletzung ist unbedingt zu beachten. Nur in einer angstfreien und vertrauten Atmosphäre mit der Therapeutin wird sich das Kind auf die Puppen einlassen und sich darüber Stück für Stück den verdrängten Verletzungen zuwenden und sie im Spiel wiederbeleben und durcharbeiten können. Hatte die Therapeutin familiäre Szenen mit den Puppen vorgespielt, kann sie nun das Kind ermutigen, selbst eine Rolle zu übernehmen. Schließlich kann das Kind sich ermutigt fühlen, die erlebten Mißbrauchssituationen zwischen ihm und dem Täter durchzuspielen. Die Therapeutin sollte im Umgang mit den Puppen immer darauf gefaßt sein, daß die verdrängte Szene sehr plötzlich auftauchen kann; sie muß dann mit allen ihr zur Verfügung stehenden therapeutischen Fähigkeiten präsent sein. Hilflosigkeit und Angst auf seiten der Therapeutin wird als erneutes Verlassenwerden erlebt. Es rührt an die Wunde, daß die Mutter den Mißbrauch nicht verhinderte, nicht sah und nicht beendete.

Das Durcharbeiten der Mißbrauchsszene zieht sich meist über mehrere Stunden hin. Es darf nicht im Nachspielen allein stecken bleiben, sondern erfordert eine Lösung, soll das Spiel schließlich heilsam wirken. Trauer und Gehaltenwerden sollte ebenso möglich sein, wie der Ausdruck von Wut, Ekel und Haß. Der Puppenmißbraucher kann geschlagen werden, ohne daß er zerstört werden muß, was manchmal sehr wichtig ist, weil die Angst vor dem Zerstörtwerden bzw. Zerstörenwollen, oft sehr tief sitzt und bedrohlich wirkt und neue Schuldgefühle hervorrufen kann. Letztendlich können wir mit Hilfe der Puppen positive Szenen des leiblichen Umgangs zwischen Kind und Erwachsenen spielen und das Mädchen unterstützen, solche Szenen zu integrieren.[12]

Anhang 2:

Zur Diagnostik nach sexuellem Mißbrauch

Diagnostik ist ein Prozeß des Wahrnehmens, Erkennens und Verstehens durch den Therapeuten im Dialog mit dem Klienten, der sich von Beginn der Therapie bis zu ihrem Ende vollzieht. Wir sprechen daher von »prozessualer Diagnostik« (Petzold 1988, S. 203). Alles, was unseren Wahrnehmungsorganen während der Stunde zugänglich ist (Worte, Körperausdruck, Geräusche, Atmosphären, eigene Empfindungen und Gefühle), was uns in Erscheinung tritt im Dialog mit dem Klienten, verwenden wir, um die verborgenen Strukturen seelischen Erlebens und Verarbeitens des Klienten zu verstehen. Wir achten dabei besonders auf die Resonanz des Klienten in uns, d.h. unsere Gefühle, unsere Körpersensationen, unsere Gedanken als Reaktion auf die Äußerungen des Klienten, und wir sprechen in diesem Zusammenhang von Gegenübertragung (vgl. Seite 29). Diagnose wird daher im Laufe des Prozesses immer differenzierter, feiner. Aufgrund von vorläufigen Erkenntnissen kommen wir immer wieder zu neuen Hypothesen, die wir in der Praxis der Therapie überprüfen. Diagnostik ist also ein hermeneutischer Prozeß, der sich von der sichtbaren Oberfläche langsam in die Tiefe des Verstehens fortentwickelt. Diagnostik bedeutet Analyse der Lebenswelt des Klienten, vom Zeitpunkt der Zeugung bis heute, seines familiären, sozialen Eingebettetseins, seiner Geschichte von Traumatisierungen, Defiziten, Konflikten und Störungen. Sie bezieht die Bereiche des Hier und Jetzt der Beziehung zwischen Klient und Therapeut mit ein und beachtet vor allem auch, was es an entwicklungsfördernden Lebensbedingungen über die Zeit gab und was sich heil- und funktionsfähig entwickeln konnte (Ressourcen). So verstanden ist jede Ursache-Wirkung-Diagnostik zu kurz und wird dem Klienten in seinem Leiden nicht gerecht. Dieses ist nicht durch eine Verletzungssituation am Tage X entstanden, sondern hat sich entwickelt. Erst das Verständnis der multikausalen Verknüpfung vieler

Erfahrungen und Bedingungen über die gesamte Lebensspanne, unter Berücksichtigung seiner genetischen Ausstattung macht vorstellbar, wieso ein Mensch ein bestimmtes Verhalten und Erleben entwickeln mußte.

Ich will nun ansatzweise beschreiben, von welchen Fragen »prozessuale Diagnostik« in der Psychotherapie mißbrauchter Mädchen und Frauen geleitet ist. Grundsätzlich ist dabei zu bedenken, ob zu Beginn einer Therapie der Mißbrauch bekannt ist oder ob wir im Laufe einer Therapie Hinweisen begegnen, die ihn vermuten lassen. Martha kam in die Therapie mit dem Wissen um ihre Verletzung. Zwischen uns war klar, was schließlich das Thema unserer gemeinsamen Arbeit sein würde.

1. Auf welchen Boden fällt die Erfahrung des sexuellen Mißbrauchs? Mußten bereits frühere Schädigungen bewältigt werden und hatten sie bereits Spuren hinterlassen?

Hier ist die Betrachtung der Mutter-Tochter-Beziehung von besonderer Bedeutung. War es möglich, ausreichend gute Erfahrung von Liebe und Nähe in der Beziehung zur Mutter zu verinnerlichen oder mußte die Erfahrung gemacht werden, von der Mutter aufgrund ihrer eigenen Bedürftigkeit leiblich gebraucht bzw. mißbraucht zu werden. Konnte über diese Beziehung ein positives Bild von Mädchensein und Körperlust entwickelt werden, oder hatte die Mutter selbst ein ablehnendes Verhältnis zu ihrem Körper und ihrem Frausein entwickeln müssen. War die Entwicklung eines gesunden autonomen Selbst möglich aufgrund einer gelungenen Lösung aus der mütterlichen Symbiose oder hielt die Mutter das Mädchen fest bzw. stieß es nach den ersten Autonomiebestrebungen von sich.

Bei der Betrachtung der Vater-Tochter-Beziehung ist vor allem bedeutsam, ob es in der Zeit vor dem Mißbrauch gute Erfahrungen mit dem Vater oder anderen männlichen Bezugspersonen gab, oder ob die Vater-Tochter-Erfahrung weitgehend von Defiziten oder Traumatisierungen gekennzeichnet war. Besonders wichtig ist darauf zu achten, ob schon früh die väterliche Zuneigung vermischt war mit männlichem Begehren im Umgang mit der Tochter. Solche Doppelbotschaften vermitteln sich einem kleinen Mädchen atmosphärisch und kriechen ihm buchstäblich unter die Haut, ohne erklärbar oder verstehbar zu sein.

2. In welcher sozialen Situation fand der Mißbrauch statt?

In bezug auf die Mutter-Vater-Beziehung ist wichtig zu klären, in welchem Maße dem Mädchen eine befriedigende Partnerschaft vorgelebt wurde, auf deren Boden es sich sicher entwickeln konnte. Hier sind die Entwicklungsschritte der Triangulation von wesentlicher Bedeutung wie auch das Verinnerlichen von Beziehungsmustern vor dem Hintergrund eindeutiger und klarer Generationsgrenzen. Schädigend und den Mißbrauch einleitend bzw. fördernd wirken diffuse Familiensysteme. Von Bedeutung ist das Erziehungsverhalten der Eltern. Gab es neben dem Mißbrauch auch andere Formen der Gewalt in der Familie? Wurde geschlagen, um unerwünschtes Verhalten zu unterdrücken? Mit welchen Mitteln wurde andererseits erwünschtes Verhalten erreicht: »Du bist Papas Allerliebste«, »Du bist meine kleine Prinzessin«. Gab es doppelte Botschaften, wurde mit Mißachtung bestraft? Was war erwünschtes, was unerwünschtes Verhalten? Welche Norm von männlichem und weiblichem Verhalten wurden in der Familie gelebt oder vermittelt? Ebenso ist die sozioökonomische Situation der Familie von Bedeutung. Gab es Existenzsorgen aufgrund von Arbeitslosigkeit, Krankheit, Trunksucht; war die Mutter alleinerziehend, war die Familie sozial eingebettet oder lebte sie isoliert? Gab es andere Leiden, Krankheiten, Verhaltensauffälligkeiten in der Familie? Kam es zu Defiziten aufgrund von Überforderungen der Mutter, spielen andere Traumatisierungen (z. B. Unfall, Krankenhausaufenthalte) eine Rolle in der Familie bzw. in der Entwicklung des Kindes? Hatte das Kind Geschwister, Spielkameraden, eine Katze und damit neben der Beziehung zu den Eltern eigene soziale Bezüge, die stabilisierend wirken?

Die Betrachtung des leiblichen Umgehens in der Familie spielt in der Diagnostik des sexuellen Mißbrauchs eine wichtige Rolle. War die körperliche Versorgung des Mädchens eher lieblos, grob, flüchtig, zu kurz, vernachlässigend, getönt von der eigenen Bedürftigkeit oder von erwachsenen sexuellen Wünschen oder war sie liebevoll, zärtlich, elterlich? War Sexualität erlaubt, tabuisiert oder übertönte sie die gesamte Atmosphäre in der Familie? War sie geknüpft an Gewalt, verbunden mit benutzen und mißachten? Welche Vorerfahrung von sexuellem Mißbrauch hatten die Eltern? Sind sie selber Opfer? Ist sexueller Mißbrauch Thema in Generationslinien der Frauen und Männer? Werfen wir einen Blick auf das Wertesystem der Fami-

Diagnostik mit dem Familienbrett: Papa liegt auf der Tochter, Papa liegt dicht neben der Tochter

lie: Gab es klare Normen und Werte, waren diese vorstellbar und gaben sie einen Sinn? Um welche handelte es sich und wie wurden sie vermittelt? Galten sie für alle Familienmitglieder gleich, wurden sie rigide eingehalten, willkürlich, unzuverlässig angewendet, oder war ein Verständigungs- und Auseinandersetzungsprozeß über sie möglich? Welche Sanktionen sorgten für ihre Einhaltung?

3. Kam es nach Bekanntwerden des sexuellen Mißbrauchs zu sekundären Verletzungen?

Wie gingen Familienmitglieder, Bekannte, Verwandte bzw. Vertreter anderer Hilfsinstitutionen mit dem Mädchen um? Hielt die Mutter zu ihm, wurde es von der Familie getrennt, verließ der Vater die Familie, hatte es eine vertraute Person in seiner Nähe? Rief die Tatsache des sexuellen Mißbrauchs eher hilflose Panik, Ekel, Vorwurf, Distanzierung, Schuldzuweisung, lüsterne Neugier hervor, oder konnte das Mädchen auf echte Teilnahme, Mitgefühl, Unterstützung und Schutz rechnen? Gab es polizeiliche, richterliche Vernehmungen? In welcher Atmosphäre fanden sie statt, in welcher Form wurde ihre Glaubwürdigkeit geprüft, wurde sie von Männern oder Frauen durchgeführt und wie oft? Hierbei ist wichtig zu betrachten, wie sich die Entwicklung des Mädchens nach dem Mißbrauch bis zum Beginn der Therapie gestaltete. Wer weiß vom Schicksal des Mädchens, die Schule, der Kindergarten, die Nachbarn, die Verwandten; kam es dadurch zu negativen Stigmatisierungen, d.h. negativen Festschreibungen einer Identität: »Ich bin ein Mädchen, das anders ist. An mir stimmt etwas nicht. Auch andere Männer dürfen das mit mir machen, was mein Vater mit mir tat.« Wurde also der Weg für eine Wiederholung bereits geebnet?

Auf keinen Fall darf vergessen werden, die positiven Entwicklungsanteile, die Stärken und Ressourcen des Mädchens zu betrachten und in die Therapie als Fundament für eine weitere Entwicklung einzubeziehen. Hier ist bereits ein Teil des Bodens, der für die Bearbeitung der Verletzung hilfreich und notwendig ist. Hier ist der Faden, durch dessen Aufgreifen positive Entwicklung beginnen kann. Ich bin der festen Überzeugung, daß es auch in der Entwicklungsgeschichte von Menschen, die zuerst nur als defizitär, traumatisierend, grausam, belastend erscheinen, es auch positive Entwicklungsanteile irgendwann, irgendwie gab. Es hängt sehr vom Blick des

Therapeuten ab, diese wieder in das Bewußtsein des Klienten zu bringen. Hier ist die Frage hilfreich: »Was hat dich überleben lassen?«

4. Im Vordergrund der Diagnostik steht natürlich der Mißbrauch selbst, sein Umfang, seine Identität, seine Dauer, das Alter des Kindes, in dem er stattfand. Wer war der Mißbraucher? Der Vater, ein nahes Familienmitglied oder kommt er aus der weiteren Umgebung? In welchen Situationen fand der Mißbrauch statt, unter welchen Bedingungen und welchem Kontext? Wußten andere Familienmitglieder, Freundinnen, Nachbarn davon? Wie haben sie sich verhalten, warum taten sie nichts, um den Mißbrauch zu beenden? Wie kam es, daß niemand den Mißbrauch bemerkte?

Wie wurde der Mißbrauch durchgeführt, in welchen Räumen, welche Körperteile waren betroffen, kam es zu körperlichen Verletzungen? War er mit Gewalt, mit Androhung verbunden, fand er unter Alkoholeinfluß statt?

Gab es atmosphärischen Mißbrauch, begann er schleichend oder abrupt? Hatte das Mädchen Sicherheitsnischen, in die es sich zurückziehen, in denen ausruhen es konnte (Schule, Tagesheim, Besuch bei Tante, Oma, Freundinnen, zeitweise Abwesenheit des Täters)? Gab es Bereiche, in denen das Mädchen sich wohlfühlte, sich als normal, lebendig und gesund erleben konnte?

Welche Symptome wurden bisher entwickelt und wie sind sie im Zusammenhang mit der Entwicklungs- und Mißbrauchsgeschichte des Mädchens zu verstehen?

In der Regel werden wir nicht auf alle Fragen eine Antwort finden, werden wir uns mit Vermutungen begnügen müssen, auch wenn wir Informationen aus diagnostischen Gesprächen verschiedener Familienmitglieder einbeziehen. Hierbei ist allerdings auch von Bedeutung, wie über die einzelnen Themen gesprochen wird, welche Atmosphären während der Gespräche im Raum entstehen, wie und ob der Kontakt zur Therapeutin eingegangen wird und welche Gefühle in ihr währenddessen entstehen.

Diese Grundinformationen machen es uns erst einmal möglich, den Umfang und die Auswirkungen des sexuellen Mißbrauchs auf die Entwicklung des Kindes zum Zeitpunkt des Therapiebeginns zu verstehen. Sie ermöglichen uns Entscheidungen hinsichtlich der Therapieplanung. Während der therapeutischen Arbeit mit dem Mädchen wird sich unsere Diagnose, entsprechend der sich verdichtenden Informationen, verfeinern und präzisieren. Und so wird es möglich sein, daß parallel zum Verlauf eines Heilungs- und Entwicklungsprozesses ein immer anschaulicheres Bild des bisherigen Lebens vor den Augen beider Beteiligten dieses Prozesses entsteht und vorstellbar wird.

Um unsere Hypothesen zu überprüfen, differenzieren, fundieren zu können, achten wir im Laufe des weiteren Therapieprozesses vor allem auf folgende Phänomene, die wir vor dem Hintergrund unseres bisherigen Wissens verstehen:

Welche Ängste sind in der Arbeit mit dem Mädchen spürbar (Übertragung, Gegenübertragung, Atmosphären im Raum)? Zeigt das Mädchen Angst, mit uns allein im Raum zu sein, hat es Angst, wenn die Türen geschlossen sind, die Hand zu geben, in die Augen zu schauen. Macht das Mädchen sich unmerklich kleiner, wenn wir stehen, weicht es zurück, erstarrt es, wenn wir uns annähern? Weicht es dem Kontakt aus, läßt es ihn über sich ergehen, ohne innerlich beteiligt zu sein? Wird über die Angst gesprochen, nicht einschlafen zu können, nachts aufzuwachen, nicht allein ins Bad gehen zu können, sich nicht ausziehen zu mögen, am Sportunterricht, am Schwimmen nicht teilnehmen zu mögen?

Wie ist das Kontaktverhalten, bietet das Mädchen sich eher distanzlos, mit großer Bedürftigkeit an, macht es den Anschein, als würde es alles willenlos über sich ergehen lassen können, scheinbar bereit, anzunehmen, was ihm entgegen kommt. Oder weicht es dem Kontakt angespannt, immer auf der Hut, aus?

Wie werden Hautkontakt, Berührungen erlebt? Zieht sich der Muskel unter unserer Haut unmerklich zusammen oder kommt er uns schlaff und ohne Antwort vor? Dürfen bestimmte Körperteile auf keinen Fall berührt werden?

Wie ist die Körperhaltung? Wird der Unterleib etwas nach hinten weggeknickt (Schutz, Ausweichen vor sexuellen Berührungen), werden die Beine zusammengekniffen, ist der Gang ab Taille starr und marionettenhaft oder wirkt der Unterkörper eher schlaff, zu weit geöffnet? Machen Bewegungen einen sexualisierten Eindruck?

Wie ist das Sprachverhalten? Verweigert das Mädchen die Sprache, in welchem Alter ist es verstummt, was war zu diesem Zeitpunkt in der Familie los? Ist die Sprache sexualisiert, werden Wörter benutzt, die in das Sexualvokabular Erwachsener passen?

Wie ist der körperlich-psychosoziale Entwicklungsstand des Mädchens? Wirkt er eher frühreif im Sinne einer Progression, konkurriert das Mädchen im Verhalten mit erwachsenen Frauen oder wirkt es eher anlehnungsbedürftig, regressiv?

Wie ist sein Sozialverhalten? Ist es eher isoliert, zurückgezogen, wird es von anderen Kindern gemieden, weil diese denken, daß es »komisch« ist, mag es an kindlichen Bewegungsspielen nicht teilhaben?

Welche Atmosphären entstehen in der Therapie? Wirken diese eher sexualisiert, bietet sich das Mädchen auf eine Weise an, die in das Sexualverhalten Erwachsener paßt?

Welche Gegenübertragungsgefühle nehme ich wahr und wie erkläre ich sie im Zusammenhang mit dem Thema sexueller Mißbrauch.

Aufgrund des Verbots »Du darfst nicht darüber reden!« taucht auch das Thema des sexuellen Mißbrauchs oft verschlüsselt auf, in Träumen, im Spiel, beim Malen. Hier gilt es, genau hinzuschauen und hinzuhören. Hilfreich ist hier die Verwendung von Medien, z. B. die Anweisung: »Mal mal eure Wohnung, dein Zimmer, dein Bett, das Badezimmer; wo bist du, wo ist dein Papa, deine Mama, wo sind deine Brüder, die anderen Geschwister, wo ist die Katze, wo ist der Hund?« Sinnvoll ist auch die Verwendung des Szenokastens oder des Familienbrettes, um einen Verdacht des sexuellen Mißbrauchs erhärten zu können. Ein typischer Hinweis mag auch der Ekel vor Schmutz und Schleim sein, der im Spiel mit Fingerfarben, Ton aufkommen kann. Es ist also besonders darauf zu achten, wie sich Gefühls- und Erlebensaspekte im Zusammenhang mit sexuellen Mißbrauchserfahrungen in der therapeutischen Sitzung und in der Therapeut-Klienten-Beziehung direkt oder verschlüsselt atmosphärisch wiederherstellen. Es kommt hier auf unser Feingefühl an, auf unsere Fähigkeit wahrzunehmen, zu entschlüsseln, Verbindung herzustellen zu unseren inneren Bildern von Schädigungssituationen, wie z.B. sexueller Mißbrauch. Hier ist das Thema »Grenzen« von besonderer Bedeutung, denn sexueller Mißbrauch ist immer Grenzverletzung (s. S. 45). Kann das Mädchen sich getrennt erleben, akzeptiert es die Verschiedenheit zwischen Therapeutin und sich, kann es

Abwesenheit ertragen oder muß es in jeder Stunde den Kontakt wieder neu herstellen. Kann es ein »Nein« akzeptieren bzw. traut es sich selbst, »Nein« zu sagen.

Es geht also darum, wie sich das Thema Opfer-Täter in bezug auf sexuellen Mißbrauch in der Therapie wiederspiegelt. Ist das Mädchen allzu bereit, der Therapeutin die Wünsche von den Lippen abzulesen, ihr alles recht zu machen, traut es sich nicht zu sagen, was es will? Wirkt es im therapeutischen Kontakt eher dünn, eher abwesend, so, als sei es nur äußerlich da, und innerlich in der Immigration? Macht es für sein Befinden alle anderen Menschen verantwortlich und hat es den Antrieb verloren, herauszufinden, was es möchte? In diesem Zusammenhang tritt das Thema Schuld auf. Wer hat schuld, daß es so ist, wie es ist, so war, wie es war? Kommt es in diesem Zusammenhang zu Selbstverletzung, Autoaggression, Depression oder Angriffen gegen die Therapeutin? Ebenso ist Scham spürbar. Scham für die eigene Existenz, für den Körper, sich zu zeigen, Bedürfnisse, Wünsche zu haben.

Ich bin an dieser Stelle nicht sehr auf die Diagnose von psychischen Symptomen eingegangen, die sich im Zusammenhang mit der sexuellen Mißbrauchserfahrung und deren Bewältigungsversuchen sich entwickelt haben können: Hautreaktionen, Atemstörungen, konversationsneurotische Symptome, Selbstverstümmelung, Dissoziationsverhalten, Eßstörungen. Der Sinn dieser Symptome läßt sich aber meines Erachtens aus der genauen Diagnostik der bisherigen Entwicklungsbedingungen, der Geschichte der Verletzungen und dem Verhalten des Mädchens in der Therapie sowie der Atmosphären, die in der Therapie spürbar sind, als auch der Diagnostik meiner Gegenübertragungen herauslesen.

Abschließend möchte ich darauf hinweisen, daß die Sammlung all dieser Informationen als Hypothesen zu verstehen ist. Dies ist vor allem dann wichtig, wenn der sexuelle Mißbrauch nicht bekannt ist, sondern als Verdacht im Raum steht. Symptome und Verhaltensweisen, wie ich sie beschrieben habe, sind erst einmal unspezifisch, d.h. sie können uns einen Hinweis in Richtung sexuellen Mißbrauchs geben, müssen es aber nicht. Ebensogut können sie Hinweise für andere Formen von Traumatisierungen sein. Zu vermeiden ist auf jeden Fall eine zu frühe, nicht ausreichend abgesicherte Deutung. Es ist gut, den Verdacht des Mißbrauchs im Kopf zu haben und nach Hinweisen zu suchen, die ihn verstärken oder entkräften. Wichtig ist, immer nur bei dem zu bleiben, was aufgedeckt, erkannt, erinnert wurde und sich nicht in Spekulationen zu ergehen darüber, was alles noch gewesen sein könnte. Es fördert zum einen Ängste, die nicht sein müssen, zumal das Sich-herantasten an den Mißbrauch sowieso mit erheblichen Ängsten verbunden ist und alle weiteren vermieden werden sollten. Zum anderen geht es ja um Wahrheitsfindung, um aus dem Dschungel der Tabuisierung, der Doppeldeutigkeit, der Verleugnung, der Abspaltungen, Verwirrung herauszukommen. Dies bedeutet, daß in gemeinsamer Kleinarbeit das als wahr erkannt wird, was schließlich als wahr erlebt werden kann.

Anhang 3:

Bemerkungen zur Familientherapie im Zusammenhang mit sexuellem Mißbrauch

Innerhalb der Familientherapie wird immer wieder die Meinung vertreten, daß eine Konfrontation zwischen Mädchen und Täter bzw. Familiengespräche in Anwesenheit von Täter und Opfer sinnvoll wären. Nach meinem Verständnis ruht eine solche Haltung in einem therapeutischen Grundverständnis der Gleichwertigkeit aller Beteiligten und der unbedingten Forderung an die Therapeutin, moralisch nicht zu werten. Vor ihrem inneren Auge sollen sowohl Täter als auch Opfer gleich sein. Sie soll sich ihnen gegenüber neutral fühlen können. Diese therapeutischen Prinzipien und ihre konkrete Umsetzung, d.h. gleiche Zeit, gleiche Aufmerksamkeit allen Beteiligten in einem Familiengespräch zu widmen, haben nach meinem Verständnis da ihre Grenzen, wo das Leben und die Identität des abhängigen Kindes bedroht sind, also wenn es sich um Gewalt, sexuellen Mißbrauch, schwere Vernachlässigung innerhalb einer Familie handelt.

Hier ist unsere Solidarität mit dem Kind erforderlich. Sein Schutz und Hilfebedürfnis stehen im Zentrum unseres Handelns. Ich muß mich entscheiden, wem meine Aufmerksamkeit, meine Sympathie gilt. Eine neutrale Haltung der gesamten Familie gegenüber, unter Einbeziehung des Täters, wirkt nach meinem Verständnis erneut kränkend und verlassend auf das Kind. Ein Mädchen, welches die Folgen des Mißbrauchs noch nicht verarbeiten konnte, welches noch die Bedrohung, die Todesangst, die Schuldzuweisung, die Demütigung in sich trägt, wird durch eine Konfrontation mit dem Täter im Rahmen einer Familientherapie, an seiner schlimmen Erfahrung erneut berührt, ohne gleichzeitig ausreichend therapeutische Unterstützung erhalten zu können. Dies wirkt im Sinne einer Verletzungswiederholung. Die Therapeutin wird ihre Aufmerksamkeit aufteilen auf alle Familienmitglieder und nach meiner Erfahrung neigen auch routinierte Familientherapeuten dazu, auf der Ebene der Erwachsenen zu kommunizieren und werden damit oft den kindlichen Kommunikationsbedürfnissen nicht gerecht. Hier besteht die Gefahr, daß atmosphärisch wiederholt wird, was auch während des Mißbrauchs stattfand, daß es um die Interessen der Erwachsenen geht und Kinder mehr oder weniger übersehen und überhört werden.

Die Begründungen von Familientherapeuten für gemeinsame Sitzungen in Anwesenheit von Täter und Opfer machen nach meinem Verständnis deutlich, daß es schwerpunktmäßig um die Interessen der Erwachsenen geht: Die Konfrontation mit dem Täter soll dazu führen, das Mädchen von Schuld freizusprechen und zwar dadurch, daß der Täter die Schuld übernimmt. Diese vorausgesetzte Leistung der Schuldübernahme durch den Täter setzt nach meinem Verständnis bei ihm eine längere Auseinandersetzung mit seiner Handlung und dessen Motiven voraus und ist erst nach einer eigenen längeren Therapie möglich. Alle oberflächlichen Lippenbekenntnisse führen nach meinem Verständnis zu früh zu einer scheinbaren Entlastung von Opfer und Täter, sie wirken im Sinne einer Doppelbindung und beinhalten schließlich die Gefahr der Tatwiederholung aufgrund eines zu früh wiederhergestellten »Friedens« in der Familie. Es ist durchaus denkbar, daß nach längerer Therapie des Mädchens sowie des Täters jeweils in Einzelsituationen, eine solche Konfrontation zwischen ihnen die weitere Entwicklung des Mädchens fördern könnte. Voraussetzung ist, daß das Mädchen diese Konfrontation wünscht und von uns in seinem Sinne unterstützt wird. Wenn die sexuelle Verletzung und die damit verbundenen schmerzlichen Gefühle vernarben konnten und das Mädchen eine ausreichende Ich-Stärke entwickeln konnte, kann ein Gegenüberstellen mit dem Täter sinnvoll sein, um ihm direkt zu sagen, was er ihm angetan und was dies mit dem Mädchen gemacht hat. Es kann ihm dann die Schuld zurückgeben, die es für ihn übernehmen mußte.

Anhang 4:

Dein Körper gehört dir – zum Konzept
von Präventionsunterricht an Schulen
von Christoph Gilka[13]

Ansätze zur Prävention von sexuellem Mißbrauch in Deutschland fanden bisher im Rahmen von Modellversuchen statt. Es kamen in der Regel Programme zur Anwendung, die in den USA entwickelt worden waren. Die mit diesen Programmen gemachten Erfahrungen werden kontrovers diskutiert (Hirsch 1987). Kritisiert wird vor allem, daß die Programme hauptsächlich auf potentielle Mißbrauchssituationen außerhalb der Familie eingehen und den Kindern entsprechende Lösungsvorschläge gemacht werden. Auf die Schwierigkeiten, die sich für ein Kind, insbesondere aus der Familiendynamik bei Inzest, ergeben, wird zu wenig eingegangen. Neben den inhaltlichen Mängeln der Präventionsprogramme wird die mangelnde Einbettung des Präventionsunterrichts in ein Gesamtkonzept des Umgangs mit Mißbrauch kritisiert. Es fehlen in Deutschland institutionelle Strukturen im therapeutischen, juristischen und sozialarbeiterischen Bereich, von denen ein Präventionsprogramm getragen sein könnte. Hierher gehört auch der ungenügende Umgang mit Tätern. Nach amerikanischen Angaben hat ein Täter zwischen 9 und 14 Opfern (Hindman 1989). Die Realität in Deutschland sieht zur Zeit so aus, daß einem Kind, das mit seinem Mißbrauch hervortritt, empfohlen werden muß, keine Anzeige zu erstatten. Die Untersuchung und Verhandlung wären zu belastend und zu wenig erfolgversprechend. Wird ein Täter verurteilt, so wird der Strafe nach wie vor Priorität vor der Therapie gegeben. Ohne Therapie jedoch kann die Wiederholung der Tat fast als sicher angenommen werden. Die Situation in den USA ist in dieser Hinsicht etwas besser. Man setzt sich dort schon länger mit dem Problem auseinander, so daß sich die öffentlichen und institutionellen Bedingungen mehr entwickeln konnten.

Im folgenden möchte ich von der Durchführung eines Präventionspro-gramms an einer Grundschule in Kalifornien berichten. Im Anschluß daran will ich noch einmal auf den Sinn und die Problematik von Präventionspro-grammen zurückkommen.

1989/90 war ich als Beratungspsychologe an einer Grundschule in Santa Barbara, Kalifornien, tätig. Ein Teil meiner Aufgabeen war die Durchführung von Unterrichtseinheiten zur Prävention. Die Einheiten bestanden aus drei einstündigen Teilen, die in einem Zeitraum von drei bis acht Wochen dar-geboten wurden. Die Themen der einzelnen Teile waren: Persönliche Sicherheit und Umgang mit Fremden, Mißhandlung und sexueller Miß-brauch. Um viele Kinder zu erreichen und den Aufwand dennoch niedrig zu halten, wird dieser Unterricht nur in den Vorschulklassen und in den vier-ten Klassen der Schulen durchgeführt.

In den Vorschulklassen hatten meine Präsentationen die Form von klei-nen Kasperle-Theater-Vorstellungen. Nachdem ich mich vorgestellt hatte, fragte ich die Kinder – noch ohne Handpuppen – nach verschiedenen Arten von Berührungen. Unterscheidungsmerkmal war dabei das Gefühl, das durch die jeweilige Berührung hervorgerufen wird. »Welche Berührung gibt euch ein gutes Gefühl?« Woraufhin die Kinder z.B. mit »Umarmungen« oder »Streicheln« antworten konnten. »Was ist eine Berührung, nach der ihr euch schlecht fühlt oder die weh tut?« Hier waren mögliche Antworten geboxt werden, gekniffen werden etc. Nun schalteten sich die Handpuppen in das Gespräch ein. Die weibliche Puppe sagt zur männlichen: »Es gibt noch eine Art von Berührungen, das sind Berührungen, nach denen man sich irgend-wie ungut und verwirrt fühlt. Wenn dich jemand so berührt, hat du ein 'uh-oh'-Gefühl im Bauch und fühlst dich eklig, so igitt-igitt. Solch eine verwir-rende Berührung passiert meistens, wenn dich jemand an besonderen Kör-perteilen berührt.«

Es ist sinnvoll, daß die Kinder durch den Konstrukt des »verwirrenden, unguten Gefühls« in der Lage sind, frühzeitig auf einen sexuellen Übergriff zu reagieren. Sie können sich dadurch besser schützen, als wenn sie lern-ten, nur auf eine Berührung des Körpers zu reagieren. Außerdem findet sexueller Mißbrauch häufig ohne jede Berührung der Genitalien oder des Körpers überhaupt statt. Die andere Puppe erklärte jetzt, was mit »beson-deren Körperteilen« gemeint ist, obwohl die meisten Kinder meistens schon eine Idee dazu haben. Im Wechselspiel erzählen Jungen- und Mädchenpuppe, daß diese Körperteile von keinem Erwachsenen berührt werden dürfen, außer zur Körperpflege und Gesunderhaltung. Sollte dies dennoch geschehen, so solle das Kind einem anderen Erwachsenen davon erzählen. Sein Körper gehöre dem Kind ganz allein und keiner habe das Recht, es in einer Art zu berühren, die es nicht mag. Niemals ist es die Schuld eines Kindes, wenn jemand es in verwirrender Weise berührt.

Die Hauptinformationen des bisherigen Abschnittes wurden jetzt durch einige Fragen vertieft. Dabei wurde auch der Fall angesprochen, daß der Erwachsene, dem das Kind von seinem Mißbrauchserlebnis erzählt, ihm nicht glaubt. In diesem Fall solle das Kind einem anderen Erwachsenen davon erzählen, solange, bis einer ihm glaubt.

Nach den Fragen spielen die Puppen eine Geschichte nach, in der die weibliche Puppe von ihrem Nachbarn zu Keksen bei ihm zu Hause eingeladen wird. Anscheinend aus Versehen gießt er ihr Milch über ihr Kleid und fordert sie dann auf, zum Zweck der Reinigung das Kleid auszuziehen. Beim Ausziehen streicht er ihr über das Bein und berührt sie im Genitalbereich. Das Mädchen verlangt daraufhin sofort sein Kleid zurück. Der Nachbar ermahnt es, nichts von allem der Mutter zu erzählen und definiert die Begebenheit als gemeinsames Geheimnis. Mit Fragen, die sich auf den Inhalt der Geschichte, die Verantwortung für den Konflikt und den weiteren Umgang mit der Situation beziehen, schließt die »Vorstellung«. Ich verabschiedete mich von den Kindern und wies sie noch einmal darauf hin, wo sie mich finden könnten, wenn sie einmal mit mir sprechen wollten. Für Kinder, die gleich mit mir sprechen wollten – sei es, um mir von einem ähnlichen Erlebnis wie dem der Puppe zu erzählen oder weil sie mich allein etwas fragen wollten – bot ich an, sich gleich im Anschluß an die Stunde vor der Tür allein mit mir zu unterhalten. Von diesem Angebot machten in der Regel drei bis vier Kinder Gebrauch.

In den vierten Klassen wurde statt Handpuppen eine gezeichnete Bildermappe (DIN A 2-Format) verwendet. Das Konzept war insgesamt jedoch ähnlich: Es wurden Berührungen hinsichtlich des von ihnen verursachten Gefühls besprochen. Ein verwirrendes und unangenehmes Gefühl als Indiz für eine Berührung im Zusammenhang mit einem Mißbrauch wurde dann als Signal definiert, auf das hin man sich wehren solle, indem man »Nein!«,

»Halt!«, »Laß das!« und ähnliches sagt, sich ggf. entfernt oder nach Hilfe ruft. Den Kindern wurde auch geraten, in jedem Fall einem Erwachsenen von dem Vorfall zu erzählen, damit dieser sie in Zukunft vor Übergriffen beschützen kann. Falls der Erwachsene dem Kind nicht glauben sollte, müsse es zu einem anderen Erwachsenen gehen, bis schließlich einer ihm glaubt.

Zur Illustration der angesprochenen Inhalte wurde dann anhand weiterer Zeichnungen über Situationen gesprochen, die als Akt sexueller Gewalt gegen ein Kind angesehen werden können. So waren in einem Bild zwei Jungen in einem Kampf dargestellt, wobei der eine wesentlich größer war. Die Kinder sollten nun ihre Vermutung zur Bedeutung der dargestellten Szene äußern. Nachdem wir eine Weile über das Bild gesprochen hatten, erzählte ich die Idee, die hinter der Zeichnung stand: Zwei Jungen, die sich kennen, kämpfen aus Spaß miteinander. Während des Kampfes greift der Ältere und Größere dem Kleinen wiederholt an die Genitalien und preßt seinen Körper an den des Kleineren. Trotz der Aufforderung, das zu lassen, hört der Größere nicht auf. Schließlich gelingt es dem Kleineren loszukommen. Er rennt weg, wird vom Größeren jedoch eingeholt. Der sagt ihm, daß er richtig Prügel bekommt, wenn er etwas von dem Geschehenen erzählt. Die Kinder der Klassen wurden dann gefragt, was der kleinere Junge machen soll und wie die Situation zu beurteilen sei. Ziel dieses Bildes war es, zu verdeutlichen, daß auch ein Jugendlicher einen Mißbrauch begehen kann und im Gespräch darauf zu kommen, daß ein Machtgefälle Teil einer Mißbrauchssituation ist.

Ein anderes Bild stellte eine Frau mit einer Flasche dar, die bei einem im Bett liegenden Jungen kniet. Hier soll eine Situation dargestellt sein, in der eine Mutter, die manchmal zu viel trinkt, ihrem Sohn einen ganz langen »Gutenachtkuß« gibt und dabei ihre Zunge in den Mund des Jungen steckt. Es soll mit diesem Bild deutlich gemacht werden, daß auch Eltern kein Recht haben, ihre Kinder auf »verwirrende Weise« zu berühren. Nachdem wir einige weitere Zeichnungen besprochen hatten, bot ich den Kindern wiederum an, mich jederzeit in meinem Büro aufzusuchen oder gleich im Anschluß an die Unterrichtseinheit vor der Tür mit mir zu sprechen.

Es erscheint mir in diesem Zusammenhang erwähnenswert, daß alle Personen, die aus professionellen Gründen mit Kindern zu tun haben, also

LehrerInnen, PsychologInnen, Pfarrer, ÄrztInnen etc. in Kalifornien verpflichtet sind, schon den Verdacht auf sexuellen Mißbrauch zu melden. Sinn dieser Regelung ist es, den Meldenden von seiner Verantwortung für die Entscheidung einer Meldung zu entlasten und sicherzustellen, daß überhaupt eine Meldung erfolgt. Der Nachteil dieses Systems ist, daß der Meldende nach der Meldung relativ wenig Einfluß auf den weiteren Verlauf der Untersuchung hat. Fremde Personen werden eingeschaltet, die im ungünstigen Fall nach einem bürokratischen Schema verfahren und die individuelle Situation des Kindes nicht berücksichtigen. Das Kind wird dann durch die Untersuchung erneut traumatisiert und fühlt sich meistens in seinem Vertrauen gegenüber allen Personen und Institutionen betrogen. Nach meinen Erfahrungen ist die Meldepflicht dennoch der Situation, wie sie zur Zeit in Deutschland besteht, vorzuziehen. Entscheidend ist bei diesem Problem, daß zwischen dem Meldenden und den staatlichen Untersuchungsstellen ein gutes Arbeitsverhältnis bestehen müßte.

Die Durchführung von Präventionsunterricht wird in den USA kaum in Frage gestellt. Dies hängt sicher auch mit der Eigenart der amerikanischen Kultur zusammen, weniger problemorientiert zu sein als die deutsche. Für eine Durchführung von Präventionsunterricht in Deutschland sprechen, trotz der eingangs besprochenen Unzulänglichkeiten, folgende Argumente:

- Die Kinder lernen sich zu schützen.
- Eltern und Lehrer werden über den Unterricht mit dem Problem des sexuellen Mißbrauchs konfrontiert und entwickeln ein stärkeres Bewußtsein dafür.
- Die Schule als Träger staatlicher Autorität gibt dem Thema durch die Behandlung im Unterricht eine größere Bedeutung.

Es muß allerdings gewährleistet sein, daß Präventionsunterricht nur in einem Rahmen stattfindet, in dem einigermaßen sichergestellt ist, daß Kinder, die von ihrem Mißbrauch berichten, therapeutisch versorgt werden können. Damit bleibt die Durchführung zur Zeit noch auf Modellversuche beschränkt.